JN429785

ESG

한번에 이해하기

알려두기

이 책에 제시된 각주는 원서엔 없는 것으로 독자 여러분의 이해를 돕고자 역자들이 직접 기술한 부분입니다.

ESG

한번에 이해하기

저자 코다이라 류시로
역자 신용재 김세환 백상민

유원북스

ESG HAYAWAKARI written by Ryushiro Kodaira

Copyright © 2021 by Nikkei Inc. All rights reserved.
Originally published in Japan by Nikkei Business Publications, Inc.
Korean translation published by Uwonbooks.

Korean translation rights arranged with Nikkei Business Publications, Inc.
through Danny Hong Agency.

이 책의 한국어판 번역권은 대니홍 에이전시를 통한 저작권사와의 독점계약으로 '유원북스'에 있습니다.

저작권법에 의해 한국 내에서 보호를 받는 저작물이므로 무단전재와 복제를 금합니다.

저자 인사말: "ESG"라는 여행의 시작

저는 일본경제신문사에서 입사 이후 증권부 기자로서 30년간 금융시장 부문을 취재해 오면서 국내외적으로 화두가 되고 있는 ESG(*E*nvironment, *S*ocial, *G*overnance의 앞 글자 조합)에 큰 관심을 가지게 되었습니다. 그 와중에 ESG와 뗄래야 뗄 수 없는 SDGs(*S*ustainable *D*evelopment *G*oals)라는 말을 듣거나 보지 않았던 날은 하루도 없었습니다. 전자는 '환경-사회-지배구조'를, 후자는 '지속가능개발목표'라는 의미로서 모두 유엔(United Nations; UN)이 만든 신조어입니다.

다소 진지하고 딱딱한 이러한 단어들이 왜 사람들의 마음을 사로잡아 세상에 급속도로 퍼져가고 있을까요? 이 책의 집필을 결심하게 된 직접적인 동기는 바로 여기에 있습니다.

시대 흐름에 따라 시장에서 인기를 끄는 기업이나 테마, 투자 기법은 수없이 변모해 왔습니다. 저는 1988년에 기자가 되어 이제 역사의 한 페이지로 넘어간 거품경제도 경험했습니다. 채권강국, 워터프런트(waterfront),[1] 민영화 등 수많은 테마와 용어가 주식시장에서 떠올랐다

---

1) 문자 그대로는 해안 또는 해안 주위의 토지 등과 같은 의미를 가지고 있지만, 오늘날에는 과밀화된 도시의 새로운 개발구역으로서 항만과 임해부를 가리켜 사용된다(예: 일본의 오다이바, 인천 송도 등).

사라졌습니다. 세월이 흘러 20세기에서 21세기로 시대가 바뀌면서 세계적으로 인터넷 거품이 일어났습니다.

시대 변화의 역사를 담아 온 이러한 다양한 테마의 발신지는 다름 아닌 금융기관들이었습니다. 테마를 만들어 냄으로써 이와 관련된 투자신탁 등의 금융상품을 판매하거나, 시대 흐름을 타고 매매 수익을 보다 쉽게 얻기 위함으로 판단됩니다.

사람에 따라서는 ESG 또한 거품의 역사로 이어져 온 과열 현상의 연장선이라고 치부할 수도 있을 겁니다. 확실히 일본 증권사들은 ESG 투자상품을 열심히 판매하고 있기는 합니다. 그 와중에 '정말로 구매자들은 ESG에 대한 의미를 정확히 이해하고 상품을 구매한 것일까' 걱정되는 사람들도 있다고 봅니다.

하지만 지금 자본시장에서 ESG가 던지는 그 메시지의 깊이를 감안하면 절대 일시적인 현상은 아닌 듯합니다. 경제 밑바닥에서 ESG는 확실히 지각 변동을 일으키고 있다는 것은 분명합니다.

이에 본서의 저술 목적은 크게 두 가지로 구분됩니다. 먼저, 원래 ESG는 어떤 배경을 가지고 있으며, 왜 이토록 금융시장 거래에 참가하는 사람들의 마음을 사로잡고 있는지를 밝히는 것입니다. 다른 하나는 ESG 확산에 따라 자본시장과 기업경영이 어떻게 변하고 있는지를 분석하는 것입니다.

본서는 ESG 입문서로 포지셔닝을 하고 있기 때문에 가능한 한 이론보다는 알기 쉬운 해설 위주로 서술하였습니다. 각 장의 처음에 마련된

[한번에 이해하기] 부분만을 읽어도 ESG에 관한 최소한의 포괄적 지식을 얻을 수 있도록 구성되어 있습니다.

본서에는 ESG 테마나 용어 등의 해설은 많지 않습니다. 이것이 다른 ESG 관련 저서들과의 차별점이라 봅니다. 그리고 투자자나 기업, 규제당국, 비정부기구(NGO) 같은 자본시장 관계자가 ESG를 어떻게 이해하고, 어떻게 대처하고 있는지에 초점을 맞추고 있습니다.

자본시장의 생태계가 ESG 등장으로 어떻게 바뀌었으며, 변화되고 있는가를 전체 개념도로 정리하려는 것이 본서의 숨은 의도입니다. 그렇기 때문에 ESG의 미래에 대해 다소 개인적인 소견과 예측도 포함되어 있음을 말씀드립니다.

유럽의 금융시장 관계자와 대화를 나눌 때 "ESG는 여행이다"라는 말을 접하는 일이 많았습니다. 현 단계에서 개념이나 이론은 완전히 정립되지 않았으며, 이렇게 하면 좋다는 정석과 같은 이론도 없습니다. 그러나 반드시 어딘가에 도달해, 무엇인가를 완수할 수 있을 것이라는 확신을 가지고, 기업도 투자자도 ESG의 여행길을 걸으며 고민하고 있습니다.

처음엔 혼자 여행했는데 어느새 동료가 생기고 환경과 인권에 대한 논의가 이루어지기도 합니다. 지금까지 별로 대화를 해 본 적이 없었던 사람들이 식견을 가지고 모여 투자에 응용할 수 없는지를 서로 고민하게 됩니다. 대화의 주제는 점차 그 원을 넓혀가며, 더 넓은 바다로 나아가 성숙해 갈 것입니다. 본서가 그런 지식의 여행 가이드북이 되기를 소망해 봅니다.

역자 서문

ESG는 환경(Environment), 사회(Social), 지배구조(Governance)의 약자로서 기업 입장에서는 환경보호에 앞장서고, 사회적 가치를 창출하며, 투명한 경영을 통해 지속가능성을 높이는 경영철학이자 실천 지침입니다. ESG 관점에서 기업가치를 평가할 때, 전통적인 평가기준인 재무적 요소 이외에도 비재무적 요소를 함께 평가하게 됩니다. 따라서 기업의 입장에서 ESG는 단순한 경영 차원이 아니라 생존을 위한 전략과 연관돼 있다고 하겠습니다.

저자들이 이 번역서를 출간하고자 마지막 교정을 보던 시기에도 우리 사회에서 ESG라는 용어가 빈번하게 쏟아졌습니다. 이제 소셜 세상에서 ESG라는 말은 식상할 정도로 들립니다. 2022년 1월부터 최근 5개월 동안 대통령 및 지방선거를 제외한 소셜 데이터로 가장 많이 언급된 키워드를 지목하라면 당연 ESG라고 해도 과언이 아닐 것입니다. ESG의 키워드가 포함된 소셜 데이터를 분석한 결과 뉴스 19,000건을 제외하더라도 트위터 5,700건, 블로그 11,300건, 인스타그램 1,700건 등으로 나왔습니다.

또한 매달 열리는 각종 포럼과 세미나 주제를 살펴보면 단연코 ESG라고 할 수 있습니다. 미디어에서는 ESG 관련 기사가 쉼없이 쏟아져 나오고 있고, 민간기업과 더불어 공공기관 경영에서도 ESG가 가장 주목받는 분야라고 할 수 있습니다. 마치 ESG를 모르면 그 어떠한 일들도 할 수 없는 것처럼 느껴지기도 합니다. 어떤 회의를 참석하건 ESG는 늘 함께하지만, 실상 그 실체가 정확히 드러나지 않은, 과거 웃찾사 〈혼자가 아니야〉 코너에서 불리던 '동수' 같은 존재처럼 느껴집니다.

과거에 비해 요즘 들어서 언급 빈도가 준 'SDGs(지속가능개발목표, Sustainable Development Goals)'라는 용어가 있습니다. SDGs는 빈곤 및 기아 문제, 지구 환경 문제 등을 개선하고자 세계적 차원에서, 국내 차원에서, 그리고 지자체 및 기업 차원에서 달성하여야 할 목표에 해당합니다. 이와 같이 SDGs가 갖는 중요성에도 불구하고 너도나도 ESG를 이야기하는 시대에 SDGs가 자칫 구시대적 키워드로 취급받고 있진 않은지 생각해 볼 일입니다. 특히 ESG가 주목받는 시대에 우리가 유의해야 할 점은 ESG가 이 세상 모든 문제를 해결할 만능 치트키(cheat key)는 아니라는 것입니다. 시간이 지나면 패러다임 변화가 일어나고 또 다른 키워드가 등장할 것입니다. 이는 자본주의 발전 단계를 되돌아보면 이해가 될 겁니다.

초기 자본주의는 애덤 스미스의 국부론이 출간된 1776년부터 대략 1929년 미국의 대공황까지의 시기로 지칭됩니다. 이 시기는 '보이지 않는 손'에 의해 작동되는 시장이 최선이라는 자유방임주의가 자본주의의 최고 원리였던 시기입니다. '자본주의1.0'이라고도 지칭되는 이 시기는 시장에 대한 정부의 간섭이 최소화됐던 시기이기도 합니다.

'자본주의2.0' 혹은 '수정자본주의'라고 불리는 그다음 시기는 대략 1930년대 초부터 1970년대 말까지의 기간입니다. 1930년대 초래된 세계 대공황의 문제를 해결하기 위해 기존 자본주의에 대한 대대적인 수정이 가해졌던 시기인데, 이 시기는 정부가 재정지출을 통해 유효수요를 창출하는 방식으로 시장에 적극적으로 개입했던 시기입니다. 정부는 시장에의 개입만이 아니라 복지영역에서도 주도적인 역할을 담당해 국가가 직접 복지를 담당하고 복지에 대한 공적 자원이 급격히 확대된 시기입니다.

1970년대의 원유 파동에 따른 국제 경제의 불황과 정부의 시장에 대한 과도한 개입이 민간 부분의 자율적 역량을 침해하고 그에 따른 부작용의 문제가 두드러지면서 자본주의는 또 한 차례 궤도 수정을 하게 됩니다. 1970년대부터 악화하기 시작한 재정적자와 물가상승, 실업률 증가라는 문제에 대한 해결책은 정부의 개입 지양과 시장 역할의 복원에서 찾게 됩니다. '신자유주의' 혹은 '자본주의3.0'이라고 지칭되는 1970년대 말부터 2000년대 말까지의 이 시기는 영국에서는 1979년 대처 총리가 이끄는 보수당의 집권과 미국에서는 1980년 공화당 후보 로널드 레이건이 대통령으로 당선되면서 시작됩니다. 이 시기는 '복지국가의 위기론'이 부상된 시기로 정부 주도의 공적 자원의 확대만을 통한 복지의 확대는 지속할 수 있지 않다는 반성이 대두되고 그에 따라 공적 복지의 축소가 나타난 시기입니다. 경제 부문에서는 흔히 시카고학파라고 불리는 밀턴 프리드먼을 정점으로 한 일군의 신고전학파 학자들의 주장이 대폭 반영됐던 시기이기도 합니다. 특히, 이 시기는 정보통신 산업의 발전으로 촉발된 정보혁명과 세계화가 급격히 확대된 시기입니다. 기존의 산업경제에서 소위 지식경제사회로 경제·사회적 패러다임이 변했던 시기이기도 합니다. 정치적인 측면에서도 1989년 독일의 통일과 1991년 소련의 붕괴를 통해 그동안 자본주의와 경쟁해왔던 공산주의 체제의 실패가 가시화되고 체제경쟁에서 자본주의의 승리를 선언하게 되는 계기가 됩니다.

21세기에 들어오면서 세계화와 신자유주의로 대표되는 발전은 다시 위기를 맞게 됩니다. 그 대표적인 문제는 사회경제적 양극화로 대두되었으며, 소득분배 차원에서는 빈부격차가 확대되고 이는 중산층의 축소로 귀결되었습니다. 산업적인 측면에서는 국제적인 경쟁력이 있는 대기업은 국경을 초월한 다국적기업으로 성장해나갔지만, 세계화에 동참하지 못한 중소기업은 위축의 길을 걷게 되었습니다. 대기업과 중소기업 간의 격차는 노동의 양극화로 연결되었고 근로빈곤층의 증가로 귀결됩니다. 이러한 일련의 문제들은 2008년 미국발 금융위기로 대분출되는 계기를 맞게 되었고, 약육강식의 시장 일변도 자본주의에 대한 반성과 가진 자들에 대한 분노는 급기야 '월스트리트를 점령하라'라는 시민운동 형식으로 표출되었습니다. 각 부문에서 새로운 변화를 요구하는 목소리가 거세지고, 신자유주의를 대체하는 새로운 경제 패러다임이 모색되게 되었습니다.

ESG는 결국 '자본주의4.0' 시대의 개막을 예고하였습니다. 환경이 파괴되고 사회적 양극화가 심화하면 우리 삶의 터전이 유지될 수 없고 소비도 지속될 수 없으며 기업도 살아남지 못할 것입니다. ESG가 지향하는 환경보호와 사회공헌 그리고 투명경영을 통해 공존과 상생의 세상이 될 때 우리 사회와 기업의 지속가능성이 동시에 담보될 수 있습니다. 단순히 듣기 좋은 구호로서의 ESG가 아니라 21세기 자본주의4.0의 방향성을 제시하는 실천하는 ESG 기업경영의 확산을 기대해 봅니다.

이 책은 ESG의 모든 것을 담고 있진 않습니다, 안타깝지만 이 책이 기업의 ESG 관련 업무 담당자나 컨설팅 실무자가 겪고 있는 애로사항을 완벽하게 해결해 주진 못할 것입니다. 그럼에도 저자들이 이 책을 출간하고자 한 가장 중요한 이유는 ESG 경영에 대한 철학과 이념, 그리고 큰 틀에서 ESG 경영을 어떻게 바라볼 것인가에 대한 혜안을 주기 때문이었습니다. 이 책을 집필하는 과정에서 중점을 둔 사항은 재무, 마케팅, 인사조직 등 경영학 전공 분야에서 연구를 수행하는 교수 및 연구자, 그리고 기업경영 및 마케팅 전반에 대한 컨설팅을 수행하는 컨설턴트, 기업에서 ESG 관련 업무를 담당하는 실무자, 그 외 ESG에 관심을 가진 일반 독자들이 최대한 편하게 읽고 접할 수 있도록 한 점입니다. 이 책에 제시된 각주는 원서엔 없는 것으로, 독자 여러분께서 원서의 내용을 이해하는 데 조금이라도 도움을 드리고자 역자들이 직접 기술한 부분입니다. 일반적인 번역서와 달리 역자의 각주가 제공된 점은 이 책의 가치를 제고하는 데 크게 기여할 것이라 믿습니다. 이 책이 ESG와 관련된 기초 개념을 이해하는 단계에서부터 ESG 경영 전반에 대한 지식을 익혀 실무에 활용하는 단계에 이르기까지 독자 여러분에게 소중한 지침서가 되었으면 합니다. 이 책을 출간하기까지 많은 분들의 지원이 있었습니다. 번역과정에서 값진 조언을 주신 역자들의 직장 동료 및 선후배님들께 감사드립니다. 탁월한 편집으로 이 책의 완성도를 한층 더 높여주신 전충영 상무님과 이 책을 출간하기까지 물심양면으로 지원을 아끼지 않으신 이구만 사장님께도 깊은 감사를 표합니다.

2022년 6월 10일

역자 일동

:: 목차

제3장 변화하는 기업

제5장 진화하는 ESG

제 1 장

급속한 자금의 흐름, 왜, 언제부터

Environment

Social

Governance

[한번에 이해하기]

1. 그 계기는 유엔
2. 2015년에 발생한 ESG 빅뱅
3. 자본주의를 재검토하려는 분위기
4. SRI란?
5. SDGs는 목표이며, ESG는 수단

한번에 이해하기

이 장에서는 ESG(환경–사회–지배구조)라는 개념 또는 단어가 등장한 경위와 시대적 배경 등에 관해 설명한다. ESG 등장 이전부터 있어 왔던 SRI(Socially Responsible Investment, 사회적책임투자), 유엔이 제창한 SDGs(Sustainable Development Goals, 지속가능개발목표)와의 연계성에 대해서도 언급하려고 한다. ESG가 시작된 시기는 당시 코피 아난 사무총장이 이끄는 유엔이 '책임투자원칙(Principles for Responsible Investment: PRI)'[2]을 발표한 2006년이었다.[3] 일본에서의 본격적인 확산은 연금적립금 관리운용 독립행정법인(Government Pension Investment Fund: GPIF)이 PRI에 서명한 2015년으로 보는 것이 타당할 듯하다.

2015년은 버락 오바마 전 미국 대통령 주도로 산업혁명 이전 수준

---

2) 유엔 PRI는 전 세계 투자기관들의 책임투자 방향을 이끌고 있는 가장 큰 이니셔티브로서, 2006년 당시 유엔 사무총장이었던 코피 아난(Kofi Annan)이 주도해 이 원칙을 만들었다. 2021년 1월 기준으로 3,615개 기관이 유엔 PRI에 가입 서명을 하였고, 한국 국민연금공단은 2009년에 가입을 하였다. PRI에 서명을 하면 매년 책임투자원칙 이행 현황을 보고해야 하며, 만약 해당 보고가 불성실하거나 충분하지 못하다면 2년간 재평가 기회를 준다. 그럼에도 보고 내용이 부족하면 서명기관에서 배제된다.

3) ESG라는 용어가 처음 사용된 것은 2004년 UNGC(UN Global Compact)와 20여 개 금융기관이 공동으로 작성한 'Who Cares Wins' 보고서인데, 기업의 ESG 성과가 중장기적 가치 창출능력을 효과적으로 나타낼 수 있다고 언급했다.

대비 지구 평균온도가 2℃ 이상 상승하지 않도록 온실가스 배출량을 단계적으로 감축하기로 195개 당사국들이 채택한 협정이었던 '파리기후변화협약(Paris Climate Change Accord)'이 합의된 해였다. 그리고 전 세계 금융감독 당국이 기후변화 문제를 금융시스템 안정과 연계해 고려하기 시작하는 등 2015년 당시에는 ESG의 발전을 심각하게 고민하는 다양한 이벤트들이 있었다.

한편, ESG는 투자 개념으로서 금융시장의 압도적인 지지를 받아 지금에 이르렀다. 유엔은 PRI 구상을 가다듬기 위해 세계적 자금운용사를 모아 워킹그룹을 결성했다. 이는 투자자나 기업들이 보다 쉽게 이해하고 수용하기 위한 방향성을 모색하기 위함이다. 오늘날 금융시장에서의 ESG 인기를 감안할 때 결국 금융시장을 고려한 유엔의 전략이 주효했다고 감안해도 무방할 것이다.

ESG가 큰 지지를 받는 것은 세계적으로 자본주의 본연의 자세를 재검토하려는 강한 흐름과도 관련이 있다. 미국 경영자단체인 비즈니스라운드테이블(Business Round Table: BRT)[4)]은 주주 이익을 최우선시했던 시각에서 벗어나 종업원을 포함한 조직의 주요 이해관계자

4) Business Round Table은 미국 주요 기업들이 참여하고 있는 재계 로비단체로 이들이 2019년 8월 19일 발표한 성명은 비즈니스계에 큰 충격을 주었다. 기업 경영의 최대 원칙으로 여겨졌던 '주주 자본주의'를 비판하고, '이해관계자 자본주의'로의 전환을 선언했기 때문이다. 기업은 자사 이익 극대화뿐만 아니라, Purpose(존재의의)의 실현도 목표로 해야 한다고 하는 자세를 표명한 점은 주목할 만하다.

들을 중시해야 한다는 방침으로 변했다.

환경과 사회문제를 중시하는 ESG는 '이해관계자 우선주의'와 일맥 상통하는 부분이 많다. 실제 하버드대학교의 리베카 헨더슨 교수 등은 ESG 연구에서의 선구자들이며, 「자본주의 재구축」은 하버드비즈니스 스쿨의 인기 강의 중 하나이기도 한데, 강의 내용 중에 'ESG는 기업들에게 적자를 감수하면서까지 사회적 책임을 다하라고 요구하지 않는다'는 점이 매우 와 닿았다. 다만 좋은 기업으로서 사회적 책임을 다하지 않으면 지속성장 및 생존이 어렵다고 설득하고 있는 것은 기억할 필요가 있다고 본다.

ESG가 유행하기 전 특히, 유럽에서는 SRI라고 불리는 투자 기법이 성행한 적이 있었다. SRI는 기업 수익과 투자 성과의 관계에 대해 ESG만큼 정교한 논리를 제공하지 못했다. 하지만 SRI의 근간을 이루는 사고방식과 철학은 분명 ESG와 서로 연결되어 있다고 본다. ESG와 SRI를 각각 다른 차원에서의 유행이라고 생각해서는 안 될 것이다.

유엔은 지속가능발전목표(SDGs)라는 목표를 제시하며 세계 각국에 SDGs의 실행을 촉구하고 있다. SDGs와 ESG는 동전의 양면과도 같다. 이 두 가지 차이를 묻는 질문을 많이 받는데, 'SDGs는 목표이며, ESG는 목표 실현을 위한 수단'이라고 이해하면 편할 것이다.

1. 그 계기는 유엔

환경, 사회, 지배구조의 세 단어의 영어 첫 문자를 조합한 ESG라는 신조어가 신문이나 TV, 그리고 각종 인터넷 매체에 넘쳐나고 있다. 만약, 당신이 투자자라면 기업의 ESG 등급 설정을 고민하거나, ESG 금융상품 구입을 검토할지도 모르겠다. 투자 경험은 없더라도 근무처나 거래처 회사가 ESG와 관련된 경영 목표를 세웠을 수도 있다.

만약, 당신이 학생이라면 취업 활동에 활용하기 위해 이 단어를 접했을 수도 있을 것이다. 더 나아가 이미 ESG를 실천하고 있는 환경단체 취업을 고려할 수도 있을 것이다. 미국의 경우, 대학원을 졸업한 우수한 학생이 환경단체 등에 취업하는 것은 보기 드문 일이 아니다.

1) 그 시작은 2015년부터

일본경제신문의 검색 DB를 활용하여 ESG 키워드를 포함한 기사 게재 건수를 조사해 보았다([그림 1-1]). 2020년 11월 말까지 402개의 기사가 조간에 게재되었다. 11개월 만에 2019년 대비 40%가 증가하였는데, 이는 지난 3년 만에 3.5배나 급증한 것이다. 석간이나 일본경제신문 인터넷판, 닛케이 베리타스(Nikkei Veritas) 등의 매체까지 포함하면 그 숫자는 더 증가할 수도 있다.

그림 1-1 ESG 단어를 포함한 기사의 개수 추이

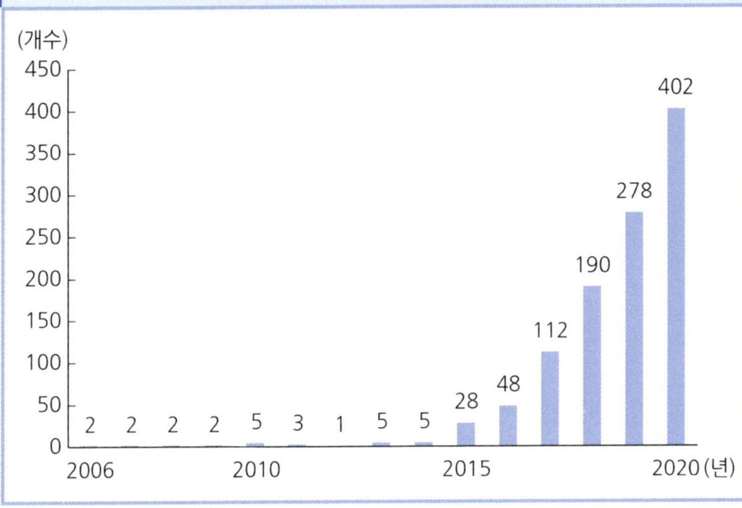

출처: 일경Telecom, 일본경제신문 조간의 기사 개수(단, 2020년은 1월부터 11월까지)

조금 오랜 기간을 거슬러 올라가 검색하면 ESG 기사가 증가하기 시작한 것은 2015년부터였던 것을 알 수 있다. 추후 다시 언급하겠지만 2015년은 지구온난화 방지를 위한 국제적 프레임워크인 '파리협정'이 체결된 해이기도 하지만, 일본의 공적연금 운용기관인 연금적립금 관리운용 독립행정법인(GPIF)이 유엔의 PRI에 서명한 해이기도 하다.

세계적인 동향을 살펴보면 GPIF가 서명한 PRI를 유엔이 발표한 2006년이 어쩌면 ESG의 출발점으로 볼 수 있다. 2006년 4월 당시

표 1-1 유엔 책임투자원칙(UN PRI)

유엔 책임투자원칙(UN PRI)
① 투자분석 및 의사결정 과정에 있어 ESG 이슈를 반영한다.
② 적극적 소유권을 행사하며 소유권 정책 및 행사에 ESG 이슈를 반영한다.
③ 투자 대상 기업의 ESG 이슈가 적절히 공개되도록 노력한다.
④ 투자 업계 내에 책임투자원칙의 도입 및 실행을 증진시킨다.
⑤ 책임투자원칙 이행의 효과를 높이기 위해 협력한다.
⑥ 책임투자원칙 이행에 관한 활동 및 진전 사항을 보고한다.

출처: The PRI(https://www.unpri.org/pri/about-the-pri)

그림 1-2 UN PRI 서명 기관수와 운용자산 총액

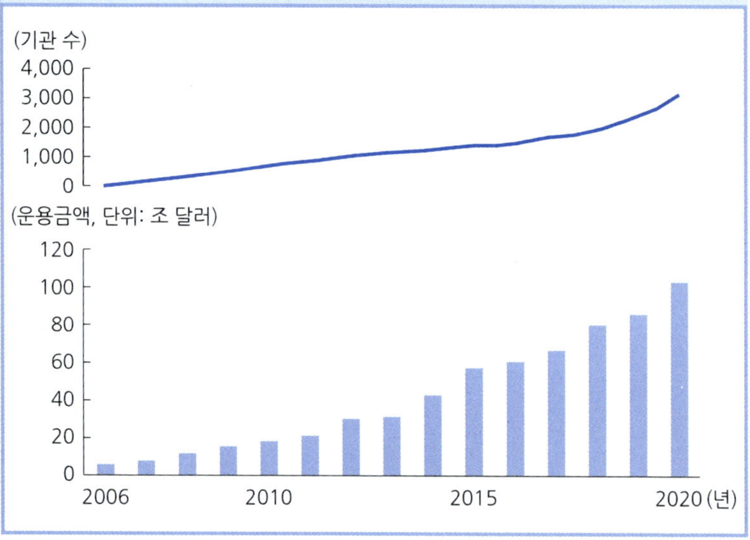

주: 매년 3월말 기준
출처: The PRI

코피 아난 사무총장이 '투자분석과 의사결정 프로세스에 ESG과제를 포함시킨다' 등의 여섯 개 항목들로 이루어진 사회책임투자원칙(〈표 1-1〉)을 발표함과 동시에 세계 각국의 연기금 혹은 자산운용사에 서명을 요구하기 시작했다. ESG라는 용어가 공식적으로 언급된 것은 이 때가 처음이다.

2006년 발표 초기에는 이에 동조하여 서명하는 기관들 수는 제한적이었지만, 2015년 파리협정을 전후로하여 급증하기 시작했다. 현재 세계적으로 서명한 기관은 3,000여개를 웃돌고 있으며, 그 운용자산 총액은 100조 달러를 넘어섰다([그림 1-2]).

2) 완전한 주류가 되기까지 10년의 시작

PRI에 서명한 연금이나 자산운용사는 자산의 일정 부분을 ESG 영역에 투자해야 하며, 또한 이를 위한 체제 정비나 정보 공개를 제대로 해야 한다. 이러한 의무를 게을리하면 극단적인 경우 제명 처분되고 그 리스트가 공표되기 때문이다.[5] 이는 매우 불명예스러운 일로 간주되기 때문에 서명기관은 ESG 투자에 성실히 임하게 되는

5) 국내외 기관들이 '유명한' 이니셔티브(initiative)에 가입하고자 하는 숨은 목적 중에는 '우리도 ○○ 이니셔티브에 가입되었음을 외부로 커뮤니케이션하여 조직의 긍정적인 이미지를 형성하기 위함'도 있을 것이다. 그런데, ○○ 이니셔티브가 규정한 활동을 제대로 이행하지 않음에 따라 제명 처분되는 것은 얼마나 부끄러운지 생각해보면 쉽게 알 수 있을 것이다.

것이다.

PRI 작성을 주도한 것은 '유엔환경계획 금융 이니셔티브(United Nations Environment Programme - Finance Initiative: UNEP FI)[6)]'와 '유엔 글로벌 콤팩트(United Nations Global Compact: UNGC)[7)]'라 불리는 유엔의 조직이지만, 현재 보급 촉진이나 운영은 'The PRI' 라는 민간조직이 담당하고 있다. 홈페이지에는 'The PRI는 유엔의 지원을 받고 있지만, 그 일부는 아니다'라고 명시되어 있다. The PRI의 본부는 영국 런던에 있으며, 최고경영자는 호주에서 연금 업

---

6) UNEP FI는 지속가능발전을 위한 금융 부문의 역할을 수행하기 위해 1991년 유엔환경계획(UNEP)과 세계 주요 금융기관들이 공동으로 결성한 국제 파트너십이다. 1992년 은행업계가 UNEP Financial Institutions Initiative를, 1995년 보험업계에서 UNEP Insurance Industry Initiative를 출범시켰으며, 2003년 두 이니셔티브가 통합되고 자산운용사와 연기금 등이 참여해 현재에 이르렀다. 2021년 1월 기준으로 전 세계 387개의 금융기관이 참여하는 글로벌 이니셔티브로 성장했으며, 한국에서는 9개 금융기관이 가입되어 있다.

7) UNGC는 코피 아난 사무총장의 주도로 2000년 7월 출범한 기업의 사회적 책임에 관한 국제협약이다. 기업 활동에 있어 인권, 노동기준, 환경 및 반부패에 관한 10대 원칙을 제시하였다. UNGC 10대 원칙은 세계인권선언(1948), 노동에서의 기본원칙과 권리에 관한 ILO(International Labour Organization) 선언(1998), 환경과 개발에 관한 리우 선언(1992), 유엔반부패협약(2003)에서 유래되었다. 회원사들이 이 원칙들을 기업 운영 및 경영전략에 내재화하여 지속가능성과 기업시민의식 향상에 동참하도록 권장한다. 최근에는 지속가능발전목표(SDGs) 등 포괄적인 유엔의 목표 달성도 지원하고 있다.

무에 오랜 기간 동안 종사했던 피오나 레이놀즈(Fiona Reynolds)라는 여성이다. 레이놀즈는 투자정보지인 '닛케이 베리타스'에 게재된 인터뷰에서 ESG 투자 현황과 미래에 대해 이렇게 언급했다.

> "지금은 중요한 투자 기법의 하나로 받아들여지고 있는 단계인데, 향후 10년 안에는 완전히 주류가 될 것이다. 사람은 쉽게 기존 방식을 바꿀 수 없지만, 금융권에 새로 들어오는 젊은 세대들은 가치관이 다르다. 국제재무분석사(Chartered Financial Analyst: CFA)의 자격을 취득할 때 지속가능성(sustainability)에 대해 배운다. 중앙은행이나 정부도 중시하지만 투자자 또한 지속가능성을 고려하지 않을 수 없다."
>
> 2020년 4월 22일 「닛케이 베리타스」 웹사이트

올해는 레이놀즈가 말한 대로 ESG 투자가 자금운용 세계에서 '완전한 주류'가 되는 해의 시작이 될 수 있을 것 같다. 주류가 된다는 것은 '당연히 받아들여야 한다는 것'을 의미한다. 투자의사 결정에 있어 환경이나 사회문제, 혹은 지배구조 내용을 검토하는 것은 너무나 당연하며, 굳이 ESG라고 언급할 필요도 없다. 즉, ESG라는 단어 자체는 향후 10년 후에는 사라져 버릴지도 모른다.[8] 투

---

8) 기업 경영 그 자체가 ESG 경영을 의미하기에 언젠가는 ESG를 언급하지 않아도 될 정도로 기업이나 공공기관에 뿌리 깊이 박혀 있을 것이라는 것으로 이해하면 될 것이다.

자 특히, 기업을 연간 단위의 시간 축으로 평가하는 장기투자와 ESG 투자는 같은 의미를 지닌 용어로 이해될 것이다. 이 논점도 본서의 후반부에 언급하기로 하겠다.

3) ESG의 여명기

ESG의 여명기를 좀 더 살펴보기로 하자. 유엔이 ESG 도입을 발표한 시점은 2006년 4월인데, 이에 발맞춰 당시 코피 아난 사무총장은 자본시장의 심장부인 뉴욕증권거래소의 거래 개시 벨을 울리는 기념식에 참석했다. 이것으로 알 수 있듯이 그는 ESG에 대해 애초부터 금융시장에서의 영향을 크게 의식하고 있었다고 판단된다.

환경문제에 위기감을 느낀 유엔은 일찍부터 자본시장 관계자와 전략적 접근을 시도했다. UNEP FI의 '자산운용워킹그룹(Asset Management Working Group: AMWG)'이 유력 자산운용사를 초청해 금융과 투자 맥락에서 환경 등 제반 문제의 중요성을 호소하려면 어떻게 해야 할지를 고민했던 것이다. 그 해답으로 여러 글자의 알파벳을 조합한 조어의 형태로 주요 문제를 세상에 묻겠다는 전략을 꺼내 들었다.

2004년 6월, AMWG는 PRI의 원형이라 할 수 있는 *The Materiality of Social, Environmental and Corporate Governance Issues to Equity Pricing*(사회, 환경, 기업지배구조의 중요과제가 주가에 미치는 영향)이라는 제목으로 보고서를 발표하였다. 제목에서도 알 수 있듯

이 각국 금융기관들의 연구 결과를 근거로 사회, 환경, 그리고 지배구조의 중요도, 즉 ESG가 주가에 적지 않은 영향을 주고 있다는 것을 실증적으로 강조하고 있다.

보고서에는 도이치은행이나 드레스드너은행(Dresdner Bank), 스위스연방은행(UBS) 등 주로 유럽계 금융기관의 데이터가 기본적으로 활용되었지만, 골드만삭스, 일본 닛코시티그룹과 노무라증권의 데이터도 활용된 것으로 판단된다.

그 당시를 회상해 보면 911테러의 충격에서 선진국 경제가 회복되기 시작했고, BRICs(브라질, 러시아, 인도, 중국)로 대표되는 신흥국들의 경제도 회복 시기를 맞고 있었다. 세계적으로 주가는 대체로 견고하였으며, 투자 부문에서는 기업의 사회적책임투자(SRI)에 주목하는 펀드 등이 일부 출시되었지만 주류 상품이 아닌 틈새 상품[9)]의 영역을 크게 벗어나지 못했다.

ESG라는 단어와 사고 방식이 탄생한 시기는 겉으로 보기엔 금융시장 그 자체는 다소 평화로운 시대인 것처럼 보였던 때였다. 이에 AMWG의 보고서는 당시에는 큰 주목을 받지 못했고, 환경이나 사회문제를 금융시장과 연계하여 고려한다는 움직임 또한 크게 눈에 띄지 않았다.

---

9) 예를 들어, 코스피 지수가 답보 상태일 경우 시장 변동성을 적극 활용해 안정적인 수익을 보장하는 주가연계 증권과 주가연계 펀드, 파생결합 증권과 같은 파생상품이 '틈새 상품'의 형태라 볼 수 있다.

4) 가장 먼저 주목한 골드만삭스와 모건스탠리

한편, 이와 같은 상황에서도 글로벌 금융시장에서 발빠르게 움직인 기업들이 있었다. 골드만삭스는 2007년부터 'GS Sustain'이라는 조사 활동을 시작했다. 이는 '매출액이나 이익을 거시경제환경에서 예측하는 기존 관점과 더불어 기업경영이 환경이나 사회변화에 어떻게 대응하고 있는가, 기업지배구조는 제대로 작동되고 있는가'라는 지속가능성 측면도 포함하여 기업을 조사하는 방법이다. 그런데 이 조사는 지금의 ESG 투자를 위한 조사와 너무나 흡사함을 알 수 있다.

모건스탠리에서 수석 지속가능성 임원을 맡고 있는 오드리 최(Audrey Choi)가 워싱턴에서의 연구 활동 등을 거쳐 모건스탠리에 참가한 것도 2007년이었다. 그녀는 모건스탠리가 2013년에 설립한 사내조직인 지속가능투자연구소의 책임자를 맡는 등 월가에서는 ESG 논객으로 잘 알려져 있다.

모건스탠리가 2020년 5월에 발표한 Sustainable Signal[10)]이라는 조사에 따르면 세계 주요 연기금 등의 80%가 ESG 요소를 고려한 지속가능 운용방법을 채택하고 있다. 이런 결과는 본서의 첫 머리에서 소개한 ESG 관련 기사의 급증과 정확하게 부합되며, 'ESG는 머지않아 당연한 것으로 받아들여지게 될 것이므로, 결국 이 용어

---

10) https://www.morganstanley.com/press-releases/sustainable-signals

는 세상에서 필요성이 없어져 잊혀져 갈 것이다'라는 필자의 가설을 뒷받침하는 것이기도 하다.

일본 금융계에서는 ESG에 대해 '겉치레에 불과하고, 한순간의 유행이나 붐에 불과할 것이다(증권사)', '정작 미국인은 관심이 없다(메가뱅크)'는 식으로 경시하는 경향이 최근까지 있었다. 골드만삭스와 모건스탠리의 사례는 이러한 인식이 잘못되었다는 것을 충분히 증명하고 있다.

과거 4년간 도널드 트럼프(Donald Trump) 대통령은 ESG 투자자들로부터 많은 비판을 받아왔던 석유업계와 강한 유대를 갖고 있었다. 이산화탄소를 많이 배출하는 석유업계가 궁지에 빠질 수 있는 ESG 투자에도 부정적 시각을 가지고 있었다고 한다. 이 때문에 ESG는 유럽이 주류이며, 미국과는 무관하다는 잘못된 인식을 가진 사람들도 있었다. 일반적으로 ESG와 관련된 연구를 함에 있어 유럽연합의 움직임이나 유럽 관련 기관들이 만들어내는 정보들에 많이 의존했던 것도 사실이다. 그러나 본서는 어디까지나 투자 관점으로 접근하는 것이기에 글로벌 자본시장의 총 본산인 미국 기업들의 사례도 적극적으로 소개하고자 한다.

2. 2015년에 발생한 ESG 빅뱅

1) 2015년 파리협정

앞서 언급한 바와 같이 일본에서 ESG라는 용어가 처음 사용되기 시작한 때는 UN PRI의 발표로부터 9년이 지난 2015년의 일이었다. 한편, 2015년 12월 12일 파리에서 개최된 '제21차 UN기후변화협약 당사국총회(Conference of the Parties: COP)'에서 지구온난화에 따른 새로운 대책의 일환으로 파리협정이 체결되는 큰 이벤트가 있었다.

이는 1997년 교토의정서 이후 18년 만의 기후변화 관련 이니셔티브로서, 산업혁명 이전부터 세계의 기온 상승을 2℃ 미만으로 하는 것을 목적으로 각국이 1.5℃로 억제하도록 노력할 것을 촉구하는 내용이었다. 이후, 일본의 지명을 딴 교토의정서는 역사의 뒤안길로 사라졌지만, 일본 시장관계자들 사이에서는 환경문제를 기본축으로 한 ESG 투자가 서서히 고조되어 갔다.

파리협정에는 선진국과 중국 등 개발도상국을 포함한 196개국이 참가했다. 다만, 목표를 달성하지 못했을 경우의 대처법을 명확하게 제시하지 못했다는, 실효성 측면에서는 다소 아쉬움을 남겼다.

그러나, 일부 선진국만이 참가한 교토의정서 때와는 달리 파리협정은 국제사회가 전원 참가하여 지구온난화 대책에 적극 동참하였다는 점과 글로벌 시장에서 경쟁하는 유럽과 미국 금융기관의 업무

친화성을 높일 수 있었다는 측면에서 그 의미는 크다고 본다. 또한 5년마다 각국의 목표를 수정·보완한다는 규정을 담은 것도 큰 진전이라 할 수 있다.

설정 목표를 달성하지 못했을 경우의 벌칙부과 규정에는 선진국과 개발도상국 모두가 강하게 반발하였지만, '그렇다면 자본력으로 기업과 정부를 움직이자'라는 동기부여를 작용한 것이 ESG 투자의 고조로 연결된 것 같다.

2) 환경이 바꾸는 금융 비즈니스

UNEP FI의 특별고문 스에요시 타케지로가 2016년 5월 27일 일본경제신문 「경제교실」에 기고한 '환경이 바꾸는 금융 비즈니스'는 지금 다시 보아도 선구적인 내용을 많이 언급하고 있다.

> 석탄 기피 현상이 전 세계로 확산되고 있다. 2015년 5월, 노르웨이 국회는 국민연기금 운용 리스트에 석탄 관련 기업을 제외한다고 결의했고, 2016년 4월에는 14개국의 52개 회사(이 중 일본의 전력회사 3개사 포함)가 투자처 리스트에서 사라졌다. 브라운 미국 캘리포니아 주지사는 2015년 10월에 주 정부기관 직원과 교원을 위한 퇴직연기금(California Public Employees' Retirement System: CalPERS)에 석탄산업에 대한 투자를 금지하는 법안에 서명했다.
>
> 기후변화는 여러 경로를 통해 금융자산에 손실을 가져온다. 급격한

기후변화로 인한 태풍, 홍수, 가뭄 등의 자연재해가 경제와 사회에 막대한 경제적 손실을 끼치고 있으며, 지구온난화 규제 강화가 늑장 대응 기업과 산업의 실적 악화를 초래하기 때문이다. 이에 유엔 환경계획 금융 이니셔티브와 케임브리지 대학은 2015년 9월, 국제적으로 사업을 영위하는 대형은행을 감독 및 관리하는 규제인 바젤 3(Basel Ⅲ)[11]의 재검토를 제언했다. 단, 바젤 3는 기후변화를 고려하지 않고 있다.

위 제언은 감독당국에게 기후변화 위험을 예측하는 감독 본연의 자세나 검사방법을 서둘러 도입하도록 요청함과 동시에, 금융기관과 기업에는 환경과 사회에 공헌하는 21세기형 비즈니스 모델의 조기 구축을 호소했다. 바젤 3의 근간은 고위험 금융자산의 경우 더 많은 자기자본을 요구하는 적정자기자본비율에서 출발한다. 향후 대출 포트폴리오의 기후변화 위험도에 따른 새로운 자기자본 증가가 필요하다면 은행의 대출 행태는 탈탄소화를 목표로 크게 변모할 것이다.

투자자는 투자 철회(divestment)라는 방법으로 기업을 압박하고, 금융감독자는 은행의 자기자본비율 규제에 환경요소를 삽입한 그린 바젤로 간접금융의 흐름을 바꾸고 있다. 스에요시의 논고는 바로

11) 국제결제은행(BIS) 산하 바젤은행감독위원회(BCBS)가 2010년 9월 12일 스위스에서 중앙은행 총재 및 감독기관장 회의에서 발표한 신국제은행자본규제 기준이다. 은행자본규제였던 바젤 2를 대폭 강화한 것이 특징으로, 2013년 12월부터 한국의 은행에 도입되었다.

지금 금융세계에서 일어나고 있는 흐름을 2016년 시점에서 명확하게 예언하고 있었던 것이다. 결론적으로 2015년의 파리협정을 계기로 환경문제가 명확하게 금융문제로 다루어지게 되었음을 잘 알 수 있을 것이다.

3) 기후변화 관련 재무정보공개 태스크포스(TCFD)

2015년에는 파리협정과 더불어 ESG 투자 보급을 결정짓는 또 하나의 흐름도 시작되고 있었다. 2015년 4월, 20개국 재무장관·중앙은행총재회의(G20)에서 '금융안정위원회(Financial Stability Board: FSB)에게 기후 관련 과제에 대해 금융 부문이 어떻게 대응 및 고려해야 하는지, 민관 전문가를 소집해 줄 것을 요청한다'는 구절이 삽입되었다. FSB는 2008년의 리먼 브라더스 사태 이후 2009년 4월에 설립된 글로벌 금융감독기관으로서 각국의 금융 관련 부처나 중앙은행으로 구성되어 있다. FSB가 G20의 권고에 근거해 설립한 것이 '기후변화 관련 재무정보공개 태스크포스(Task Force on Climate-related Financial Disclosures: TCFD)'이다.

2017년 6월, TCFD는 보고서 발표를 통해 기업 및 금융기관에게 재무에 영향을 미치는 기후 관련 정보를 공개하도록 촉구했다. 구체적으로는 아래의 항목에 대해 기후변화와 관련된 리스크와 기회에 대해 투자자 등에게 관련 정보를 공개하도록 요구하고 있다.

• **기업지배구조**: 어떤 체제에서 검토하고, 이를 기업경영에 반영하고 있는가?
• **전략**: 기업경영에 미치는 영향을 어떻게 생각하고 있는가?
• **리스크 관리**: 어떻게 특정, 평가, 저감하려고 하고 있는가?
• **지표와 목표**: 어떠한 지표로 리스크와 기회를 판단하고, 진척을 평가하고 있는가?

2020년 10월 현재 TCFD에 동참하고 있는 기업과 금융기관 수는 전 세계적으로 1,484개이며, 이 중 일본은 314개로서 영국(225개)과

그림 1-3 각국의 TCFD 동참 기관 수(2020년 10월 28일 현재)

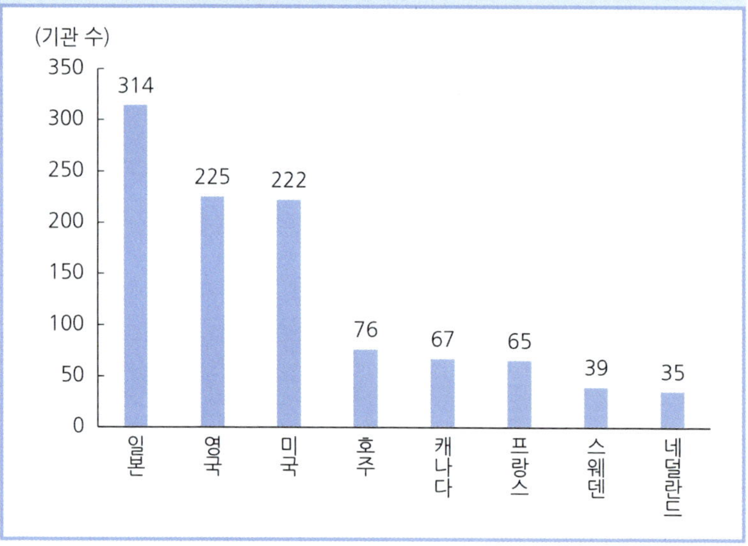

출처: TCFD 공식 홈페이지, TCFD 컨소시엄 작성.

미국(222개)을 넘어섰으며, 단일 국가로는 세계 최다이다([그림 1-3]). 일본의 기업지배구조 개혁을 주도하고 있는, 히토츠바시대학의 특임교수인 이토 쿠니오와 경단련 회장인 나카니시 히로아키가 발기인이 되어 2019년 5월에 TCFD 컨소시엄이 설립된 전후로 동참하는 기관이 급증하기 시작했다.

4) ESG 빅뱅 – GPIF가 책임투자원칙(PRI)에 서명

파리협정과 TCFD만으로도 세계 자본시장에서 ESG 투자를 뒷받침하기에 충분하지만, 일본에서는 또 하나의 ESG 빅뱅이라 불릴 만한 사건이 2015년에 있었다. 그해 9월, 세계 최대 연기금인 '연금적립금 관리운용 독립행정법인(GPIF)'이 책임투자원칙(PRI)에 서명함으로써 본격적으로 ESG 투자를 시작한 것이다.

구체적으로 일본 주식을 투자 대상으로 하는 'MSCI 일본주식 여성활약지수' 등 3개의 ESG 지수를 채용, 동 지수에 연동한 소극적 투자관리(passive management)[12)]를 시작했다. 2018년 9월에는 기업의 탄소효율성에 따라 편입 비율을 조정하는 일본 주식 대상의 'S&P/

---

12) 소극적 투자관리는 투자신탁 등의 운용 기법 중 하나인데, 시장포트폴리오로 간주되는 벤치마크(닛케이 평균주가나 TOPIX 등의 지표)에 연동하는 수익률을 목표로 하는 운용 기법을 의미한다. 이에 반해, 벤치마크 수익률을 웃도는 운용 성과를 목표로 하는 운용 방법을 적극적 투자관리(active management)라고 한다.

JPX Carbon Efficient Index'[13]와 세계 주식을 대상으로 한 'S&P Global Ex-Japan LargeMidCap Carbon Efficient Index'[14]도 채용했다.

GPIF의 ESG 형태의 자금 운용을 담당하게 된 운용사는 위 지수(index)에 채용되고 있는 기업들에 영향력을 행사하고 개혁을 촉진시킬 의무를 가지게 된다. GPIF는 직접적으로 개별 주식을 보유하지 않기 때문에 운용사를 통해 기업 활동에 간접적으로 주문하는 형식을 취한 것이다.

이러한 개혁에 맞추어 GPIF는 ESG 분석 및 운용능력 요소를 운용사 평가 기준에 도입했다. 또한, 운용사가 기업경영에 얼마나 적극적으로 개입했는지 엄격하게 살펴보았다. 운용사가 GPIF 자금을 운용하기 위해서는 ESG 투자 기법의 도입이 필수적이며, GPIF가 간접적으로 보유하는 일본 기업도 환경이나 사회문제에의 대처를 의식하지 않을 수 없게 된 것이다.

5) 왜 ESG 투자를 도입하였는가

GPIF가 ESG 투자 기법을 도입한 이유는 무엇일까? GPIF의 홈

---

13) https://www.spglobal.com/spdji/en/indices/esg/sp-jpx-carbon-efficient-index/#overview

14) https://www.spglobal.com/spdji/en/indices/esg/sp-global-ex-japan-largemidcap-carbon-efficient-index/#overview

페이지에는 다음과 같은 구절이 있다.

GRIF처럼 투자액이 크고 자본시장 전체에 폭넓게 분산 운용하는 투자자를 유니버설 오너(universal owner)라 불린다. 또한, GPIF가 운용하는 연금적립금은 미래 현역세대들의 부담분을 덜어주기 위해 운용된다. 한편, '세대를 아우르는 투자자'라는 특성을 갖는 GPIF가 장기간에 걸쳐 안정된 수익을 획득하기 위해서는 투자처 각각의 기업 가치가 지속적으로 높아지고, 나아가 자본시장 전체가 지속적이고 안정적으로 성장하는 것이 무엇보다 중요하다. 그리고 자본시장은 장기적인 관점으로 볼 때 환경문제나 사회문제의 영향에서 자유로울 수 없기 때문에 이런 문제들이 자본시장에 미치는 부정적인 영향을 줄이는 것이 투자이익을 지속적으로 추구하는 데 필수불가결하다고 할 수 있다. ESG 요소를 배려한 투자는 장기적으로 리스크 조정 후 수익을 개선하는 효과가 있을 것으로 기대되기 때문에 공적연금 등 투자액이 큰 기관투자자들 사이에서 ESG 투자에 대한 관심이 높아지고 있다.

그중에서 '자본시장은 장기적인 관점으로 볼 때 환경문제나 사회문제의 영향에서 자유로울 수 없다'라는 지적에 유념할 필요가 있다. 즉, 운용기간이 세대를 걸치는 장기투자는 필연적으로 환경과 사회문제를 고려한 ESG 투자 성격을 가지게 된다. 장기투자가 확대되면 ESG는 당연한 것으로 여겨질 것이며, 향후 ESG 용어 자체는 그 필요성이 사라질 것이며, 곧 우리들의 실생활에서 잊혀질 것이라고 필자가 예측하는 이유이기도 하다.

GPIF 홈페이지는 ESG 투자 개념을 알기 쉽게 해설하고 있다. 자산운용사들에게 ESG 투자를 권유할 뿐만 아니라, 보다 넓게 연금 수급자들에게도 관련 지식을 전달하려는 계몽적인 사명감도 가지고 있다. 웹주소는 https://www.gpif.go.jp/investment/esg/이다. 관심이 있는 분들은 한번 둘러보길 권한다.

3. 자본주의를 재검토하려는 분위기

ESG는 새로운 투자 아이디어나 방법을 제공해 줄 뿐만 아니라, 우리들로 하여금 경제사회가 갖추어야 할 본연의 자세를 다시 되돌아볼 수 있는 기회를 제공해 주고 있다고 생각한다. 영국의 EU 이탈과 미국의 트럼프 대통령의 등장은 글로벌 사회에 생긴 큰 균열을 상징한다. 이를 복구함에 있어 기업과 자본시장 본연의 자세는 어떠해야 하는지 우리들에게 되묻는 것이다.

1) Purpose[15] 선언 - Business Round Table의 성명

미국 주요 기업들의 경영자단체인 비즈니스라운드테이블(BRT)은

15) Purpose는 무엇 때문에 존재하는지, 무엇을 위해 사업을 영위하려는지에 대한 '존재의의'로 이해하면 된다. 이에 번역본에서는 Purpose가 존재의의로 사용되고 있다.

2019년 8월 '기업의 목적에 대한 성명(Statement on the Purpose of a Corporation)을 발표했다. 이는 주주들의 이익 추구를 최우선적으로 생각하는 '주주 자본주의'의 수정이라고 학자들은 해석하고 있다.[16]

성명문은 자유로운 시장 시스템의 중요성을 확인하고, 자유주의 사회에 있어서 고용 창출과 혁신 촉진, 제품 및 서비스 공급과 같은 측면에서 비즈니스가 핵심적인 역할을 담당할 것이라고 밝혔다. 게다가 '고객에 대한 가치 제공', '종업원에 대한 투자', '거래처에 대한 공정하고 윤리적인 대응', '지역사회에 대한 지원', '주주를 위한 장기적 가치 창조' 등 다섯 가지 목표에 대해 기업들은 노력해 나가겠다고 천명한 것이다.

이러한 내용은 어떻게 보면 너무나 당연한 경영이념의 재확인과도 같은 생각이 든다. 하지만 미국 기업의 입장에서 이와 같은 선언은 패러다임의 전환과 같은 것이었다. BRT는 1997년에 정한 기업

16) BRT는 1978년 이래 '기업지배구조의 원칙(Principles of Corporate Governance)'에 대해 정기적으로 발표해왔는데, 1997년 이후 발표된 원칙은 기업은 기본적으로 주주에 봉사하기 위해 존재한다는 '주주 우선주의'였다. 그러나 2019년 BRT 성명자료에는 주주의 순위가 맨 뒤로 밀려난 대신, 고객을 맨 앞에, 근로자를 두 번째에 세웠다는 점에 주목할 필요가 있다. 이를 '이해관계자 자본주의 선언'이라고도 한다. 한편, BRT의 2019년 성명이 나오기까지의 숨은 배경에 대해 깊은 이해를 위해 최남수의 「이해관계자 자본주의(도서출판 새빛)」의 53~65페이지를 참고 바란다.

지배구조에 관한 성명(Statement on Corporate Governance)에서 '기업의 첫 번째 목적은 소유자(주주)에 대한 경제적 이익 창출에 있다(The principal objective of a business enterprises is to generate economic returns to its owners)'라고 명시했기 때문이다.

이 성명의 배경이 된 것은 노벨경제학상 수상자 밀턴 프리드먼(Milton Friedman)의 1970년 논고인 '기업의 사회적 책임은 이윤을 늘리는 것이다'에 기인하기 때문이다.[17] 프리드먼은 여기에서 사회적 책임이라는 것이 있다면 그것이 귀속되는 것은 개인이지 비즈니스 그 자체가 아니라고 주장, 기업 자체의 사회적 책임은 소유자인 주주를 위한 이익 추구에 있다고 결론지었다.

2) 자본주의 재구축

Purpose 성명에 큰 영향을 미친 연구자들 중에서 하버드대학교 경영대학원의 리베카 헨더슨(Robecca Henderson) 교수가 있다. 그녀가 맡고 있는 '자본주의 다시 상상하기(Reimagining Capitalism)'는 하버드 비즈니스 스쿨에서 인기 있는 수업 중의 하나인데, 같은 내용으로 일본에서는 「자본주의 재구축 - 공정하고 지속가능한 세계를 어떻게 실현하는가」라는 서명으로 2020년 10월에 출판되었다.[18]

---

17) https://www.nytimes.com/1970/09/13/archives/a-friedman-doctrine-the-social-responsibility-of-business-is-to.html을 참고 바란다.

18) 한국에서는 「자본주의 재구축」이라는 서명으로 2021년 3월 출판(출판사: 어크로스)되었다.

헨더슨 교수는 저서에서 자본주의의 왜곡을 바로잡기 위해서는 금융 회로를 재검토할 필요성이 있다고 강조한다. 기업에게는 환경과 인권문제에 관심을 돌리게 하는 포괄적 금융이나 자본시장의 메커니즘이 무엇보다 요구된다고 주장하며, 이러한 새로운 금융 회로가 다름 아닌 ESG 투자임을 시사하고 있다. 과연 어떤 논리로 설명하고 있는 걸까?

"세계 대기업의 85%가 사회적 의의를 표방한다고 주장하면서 많은 기업들이 사회적 가치 창출을 위해 자신들이 할 수 있는 일을 모색하기 시작했지만 이런 접근방식은 아직 보편적이지 못한 것 같다. 그 이유는 무엇일까?"

"내가 아는 기업 리더들은 이와 같은 의문에 너무나도 쉽게 답해준다. 기업들이 사회나 환경문제에 기여하고 싶어도 눈앞의 이익 확보가 먼저이기 때문에 꼼짝 못하고 있는 것이다."

즉, 헨더슨 교수는 세계의 기업 경영자를 눈앞의 이익 확보로부터의 해방, 즉 사회적 가치창출 비즈니스를 가능하게 하는 금융의 새로운 시스템 구축은 다름 아닌 ESG 투자라고 확신한 것이다.

3) 임팩트 가중회계(impact-weighted accounts)

하버드 비즈니스 스쿨에서 헨더슨 교수와 함께 '자본주의 다시 상상하기' 강좌를 담당한 조지 세라페임(George Serafeim) 교수는 미국 투자정보지인 배런스(Barron's)가 ESG 투자에 있어서 가장 영향력을 가지는 인물 중의 하나로 손꼽고 있다.

세라페임 교수는 기업의 사회적 영향을 손익에 반영시키는 임팩트 가중회계(impact-weighted accounts: IWA)[19] 연구로 유명하다. 기업이 배출하는 온난화 가스 등이 어느 정도 환경에 부하를 주는지 독자적으로 계산, 이를 비용으로 공제한 후 이익 변화를 보는 것으로, 이른바 'ESG 회계'이다.

세라페임 교수가 전 세계 1,800개 기업을 조사한 결과, 2018년 기업의 현금창출능력 지표인 EBITDA[20]로는 흑자였던 1,694개사 중 543개 기업들 중에서 환경 관련 비용을 공제했을 경우 이익이 25% 이상 감소했다고 한다.

"환경 영향을 외부회계(재무회계)화 하여 이익을 내는 기업이 많다는 것을 보여주는 것이며, 눈에 보이지 않는 비가시적인 비용을 내부회계(관리회계)화 할 경우 기업의 또 다른 모습이 보이게 된다"[21]는 세라페임 교수의 지적은 ESG 투자자들의 관점과 완전히

---

19) https://www.hbs.edu/impact-weighted-accounts/Pages/default.aspx에 임팩트 가중회계에 대한 전문적인 자료들이 있으니 참고 바란다.

20) EBITDA는 Earnings Before Interest, Taxes, Depreciation and Amortization(법인세 · 이자 · 감가상각비 차감 전 이익)의 앞 글자를 합친 단어인데, 기업이 영업활동을 통해 벌어들인 현금창출 능력을 나타내는 대표적인 '수익성 지표'이다.

21) 회계에는 '내부회계'와 '외부회계'가 있으며, 기업의 기능은 내부와의 기능과 외부로부터의 기능이 균형을 이루었을 때 안정된다. 그에 비해 현행 회계의 목적은 투자자, 채권자, 국가에 대한 설명 책임이라는 외적 요인에

일치한다고 본다.

4) The Great Reset

세계 경제사조에 영향을 미치는 세계경제포럼(WEF)의 2020년 연차 총회(다보스 포럼)의 테마는 '이해관계자가 만들어가는, 지속가능하게 결속된 사회'였다. 그리고 2021년 5월의 총회 테마는 'The Great Reset'이었다.

세계경제포럼의 클라우스 슈왑(Klaus Schwab) 회장과 프랑스의 온라인 미디어를 주재하는 사상가인 티에리 마를레(Thierry Malleret)가 공저한「COVID-19: The Great Reset」를 일본어로 번역한「그레이트 리셋-다보스 회의에서 논의된 애프터 코로나의 세계(닛케이 내셔널지오그래픽)」에서 "지속가능한 가치 창조를 위해서는 이해관계자 자본주의와 환경, 사회, 지배구조에 대한 배려를 더욱더 중요하게 고려해야 한다"고 강조하고 있다.

의거한다. 그리고 표면적으로는 잘 드러나지 않지만 설명 책임의 대상 중에는 경영자도 포함된다는 사실을 잊어서는 안 된다. 경영자라고 하면, 회계 주체의 내부 요인으로 보이지만, 현행 회계제도상으로는 경영자는 외부 요인이다. 어쨌든 현행 회계제도는 외향적인 제도이다. 일반적으로 말하는 내부회계는 관리회계이며, 외부회계는 재무회계 또는 제도회계이다. 그러나 재무회계와 관리회계는 본질이 다르다. 여기서 문제시되고 있는 것은 제도로서의 회계 쪽이다. 그리고 제도로서의 내부회계는 아직 확립되어 있지 않다.

COVID-19가 세계 경제에 미친 충격은 우리들에게 그동안 전혀 의심치 않고 받아들여져 왔던 자본주의경제를 다시금 돌아볼 시간을 주었다. 애프터 코로나의 자본주의를 'Great Reset'하는 도구로서 ESG 투자는 향후에도 그 영향력을 더욱더 넓혀 갈 것으로 생각된다.

슈왑 회장과 마를레는 애프터 코로나의 ESG 투자에 대한 세 가지 조류를 다음과 같이 예언하고 있다.

(1) 신종 코로나 위기는 ESG 전략의 긴급성을 높였고, 그리고 강화시키고 있다. 그중에서 중요한 것은 기후변화에 대한 대처이지만, 그 외에도 공급망(supply-chain) 책임 등은 투자행동에서 가장 먼저 평가되는 항목이며, 이는 공급망 실사제도(due diligence)[22]의 필수요소가 된다.

(2) ESG는 기업의 핵심 전략으로서 지배구조에 완전히 통합된 형태로 받아들여질 것이다. 투자자가 지배구조를 평가하는 방법도 바뀐다. 즉, 세무 기록과 배당금 지급, 임원 보수 등을 보다 엄밀하게 조사하는 것이다.

(3) 종업원과 지역사회와의 유대감 형성은 기업의 브랜드 이미지

22) 기업은 공급망 전 과정에서 인권 및 환경 등을 침해하는 활동 여부를 확인(identity), 보고(address), 개선(remedy)하는 의무가 부여되며, 위반 시 벌금을 물거나 피해보상을 해야 한다.

를 향상시켜 준다. 또한, 종업원들이 소속감을 느낄 수 있도록 후생복지제도는 그들에게 명시적이어야 한다. 단순히 기업들이 희생해 '착한 기업'이 되라고 하는 것이 아닌, 경영활동을 잘못하여 '활동가(행동하는 투자자와 사회운동가)'의 분노를 사게 된다면 그 대가는 너무나 크다는 것을 인지해야 한다.

ESG 투자는 기업들에게 '선량하게 행동하라'고 말하는 것이 아니라 '선량하지 않으면 경쟁력이 떨어진다'고 주장하는 것이다. 이산화탄소 배출량이나 플라스틱 쓰레기의 폐기 상황, 개발도상국을 포함한 글로벌 공급망의 노동환경 등 그동안 잘 보이지 않았던 기업활동의 단면이 주목받기 시작한 것이다.

환경과 인권문제를 취급하는 시민단체나 NGO가 드론을 사용해 세계 각지의 기업 활동을 모니터링 하여 줌(Zoom) 등의 온라인 커뮤니케이션 도구를 활용하여 글로벌하게 정보를 공유하고 있다. 그리고 이러한 현상은 이제 흔히 볼 수 있는 광경이 되었다. 더욱이 NGO는 신종 코로나로 집에만 머물게 된 사람들에게 온라인 세미나 등을 통해 다양한 조사 결과를 적극적으로 알리게 되었다. 애프터 코로나의 자본주의 재검토의 움직임과 IT의 발달은 ESG 투자의 흐름을 더욱 거세게 만들 것이다.

4. SRI란?

1) ESG 기원은 1980년대의 SRI에서

ESG 투자가 시작된 계기는 2006년의 유엔 책임투자원칙(SRI)이라고 하였지만, 그 시작은 훨씬 이전으로 거슬러 올라간다. 앞서 소개한 리베카 헨더슨 교수의 Reimagining Capitalism에 따르면 ESG 투자의 기본 컨셉은 1980년대에 탄생했다고 얘기하고 있다.

1984년 인도의 보팔에 있는 다국적 화학기업 유니언카바이드 공장에서 사망자 1만 5,000명 이상, 부상자가 10만~20만명 이상에 이르는 유독가스 누출 사고가 발생했다. 세계 화학산업 역사에 있어 최악으로 여겨지는 '보팔 사고'이다. 또한, 1989년에는 알래스카만에서 엑슨발데즈의 원유 유출사고가 있었다.

인명과 환경적인 측면에서 대참사가 연이어 발생함으로 인해 NGO가 기업 측에 정보공개를 요구하기 시작했으며, 몇몇 기업들은 자사의 사회적 책임에 관한 보고서를 발행하기 시작했다.

이에 투자자들도 주식이나 채권매매 여부를 판단할 때 기업의 사회적 책임에 대해 고려하게 되었다. 요즘에는 ESG 투자로 일컬어지지만, 당시에는 사회적책임투자(Social Responsible Investment: SRI)로 불렸다. SRI와 ESG는 전혀 별개라고 생각하는 사람들도 많을 것이다. 그러나 필자는 ESG의 기본적 사상은 SRI의 정신을 그대로 계승하고 있다고 생각한다. 아래의 신문기사를 살펴보자.

'패자 없는 자본주의'를 표방하는 유럽의 중소국인 네덜란드는 기업이나 투자자뿐만 아니라 정부와 NGO도 가세해 ○○○의 정착에 지혜를 모아 이론과 실천으로 세계의 최첨단 국가의 하나가 되었다.

세계 최대규모를 자랑하는 네덜란드공무원연금(ABP)은 올해 초 환경보호에 적극적으로 참여하는 기업들에게 중점적으로 투자하는 ○○○ 투자신탁을 설립했다. 1억 5,000만 유로로 전체 운용자산의 극히 일부를 활용한 실험적 운용이었지만 가시적인 성과가 나오는 대로 전체 자산에 ○○○의 기법을 넓혀갈 방침이다.

ABP의 ○○○투신운용에 근무하는 르네 마트만 수석 평의원은 "○○○는 특수한 것이라는 기존의 견해를 바꾸고 싶다"고 말한다. 다른 운용사의 ○○○는 주주의 입장을 이용해 기업들에게 자선사업 등을 종용하는 개혁운동적 성격의 투자신탁도 적지 않다. ○○○가 전반적으로 자금운용 세계에서 이단시되기 십상인 것도 이러한 특수성이 영향을 주고 있기 때문이다.

ABP의 ○○○투자신탁은 특수성을 불식시키기 위해 자금운용 측면의 벤치마크로 다우존스 등이 특별히 개발한 ○○○지수가 아닌, 일반 투자신탁의 운용 성적을 측정하는 모건스탠리캐피털인터내셔널(MSCI)의 글로벌 주가지수를 채용했다.

(중략)

네덜란드는 업계와 NGO의 인적 교류가 활발한데, 정부 관련 싱크탱크인 WRR에서 근무하는 피터 윈제미우스 평의원은 "기업이 스스로를 통제 관리함에 있어 환경파 NGO들의 목소리를 적극 이용하는 경향이 두드러진다"고 언급했다.

당초 기업이 환경문제에 주력하게 된 것은 '지구환경과 공존할 수 없는 비즈니스는 오래 가지 못한다(네덜란드 산업경영자연맹)'는 생각 때문이다. 지배구조 목적 중의 하나도 이익을 장기적이며 안정적으로 확대해 나가는 것이다. 환경문제와 지배구조는 지속가능성이라는 공통 분모를 가지고 있다.

엔론 사태 등 미국 기업의 회계부정 사건 이후 세계적으로 ○○○가 주목 받은 것도 지속가능성의 중요성이 인식되기 시작했기 때문이다. ABP의 마트만은 "우리 투자신탁을 Sustainability Fund라고 불러달라"며 강조하고 있다.

본문 중에 들어갈 ○○○에 해당되는 알파벳 세 글자는 무엇일까? 아마 모든 사람들이 ESG라고 대답하지 않을까? 아쉽게도 정답은 SRI이다. 이것은 필자가 2003년 6월 24일 닛케이금융신문에 투고한 기사이다. 당시는 유럽 각국에서 SRI가 급속히 확산되고 있었으며, 네덜란드는 그 중심지의 하나였다. 물론 일본에서도 SRI와 관련된 펀드가 개인 투자자들의 인기를 얻었다.

2) ESG와 SRI의 차이점

그러나 안타깝게도 SRI는 한때의 유행으로 끝나버렸고, 회고 기사를 제외하면 미디어에서 다뤄졌던 횟수는 현격히 줄어들었다. 1장의 첫머리에서 ESG라는 키워드를 포함한 기사의 연간 검색 결과를 소개했었다. 이와 같은 방식으로 SRI도 검색해 보았다.

2000년대 중반의 닛케이신문 조간을 살펴보면 매년 50개 전후의 기사가 게재되고 있었지만, 2020년 1월~11월 사이에는 불과 5개로 급감하였다. 현재 베테랑 투자자들 사이에서 ESG 투자의 미래에 대해 회의적 시각을 뿌리 깊게 가지고 있는 이유도 여기에 있다. 투자 경험이 오래된 사람일수록 투자시장에서 회자되었다가 사라져 버린 유행을 잘 알고 있다. 그들에게는 일찍이 증권사 영업사원이 열심히 판매했던 SRI 관련 금융상품과 현재의 ESG 관련 금융상품이 오버랩되고 있을지도 모른다.

일본 증권 관계자들은 미국과 유럽의 여러 제도를 기반으로 개혁을 진행하여 해외에서 유행하는 상품이나 서비스를 찾아내어 발빠르게 도입해 왔다. ESG에도 이러한 측면을 틀림없이 가지고 있다. 하지만 필자는 SRI와 달리 ESG는 오랜 기간 시장에서 존재해 나갈 것이라 생각한다.

우선, SRI과 비교해 보면 그 폭과 깊이가 다르다. ESG는 논의 과정에서 서방 금융기관들의 의견이 반영되었다고는 하지만, 어디까지나 유엔이라는 공적기관의 주도로 탄생된 개념이다. 증권사가 자사 상품을 팔기 쉽도록 억지로 쥐어짜낸 상품 아이디어가 아닌 것이다. 투자의 세계만이 아니라 기업경영에도 영향을 주고 있다. SRI

경영이란 단어는 존재하지 않았지만, ESG 경영이란 단어는 벌써 우리들 주변에서 급속하게 퍼져 나가고 있다.

그럼에도 불구하고 유럽의 투자자나 경영자들은 ESG와 SRI를 별개로 생각하지 않는다. 원래 환경이나 인권에 민감한 유럽은 사회적 존재로서 기업에도 그러한 측면을 요구하는 의식이 강하기 때문이다.

ESG라든지, SRI 등 불리는 방법의 차이는 있겠지만 그 배경이 되는 철학은 동일하다. 환경문제의 심각성이 더욱 심화된 지금 'SRI의 진화형이 ESG'라고 볼 수도 있다. 트럼프 대통령이 상징하는 사회 분열로 고민하는 미국에서도 기업의 사회적 측면에 눈을 돌리게 되었다는 점을 명심할 필요가 있다.

5. SDGs는 목표이며, ESG는 수단

1) SDGs와의 차이점

ESG와 함께 자주 언급되는 단어로 SDGs가 있다. 앞에서 ESG를 언급한 신문기사가 최근 몇 년간 급증하였다고 말했던 것과 같이 SDGs 또한 그러한 경향을 보인다.

일본경제신문 조간을 대상으로 검색해 보면, 2015년에는 3개밖에 없었던 것이 12개(2016년), 44개(2017년), 82개(2018년), 188개(2019년)로 늘어났으며, 2020년 11월 하순 현재 247개였다. TV 등 다른 매체를 포함하면 등장하는 빈도는 ESG보다 훨씬 더 많을지도 모르겠다.

앞서 언급한 바와 같이 SDGs는 Sustainable Development Goals(지속가능개발목표)의 약어이다. ESG가 의도하는 것은 '지속가능성', SDGs에도 '지속가능'이라고 하는 의미가 들어가 있다. '도대체 어떻게 다른 것일까'라는 의문을 품는 사람들도 적지 않을 것이다. 1장의 마무리로서 SDGs와 ESG의 차이와 관계성에 대해 아래와 같이 정리하고자 한다.

SDGs는 2015년 9월 유엔 정상회의에서 채택된 '지속가능한 개발을 위한 2030어젠다'에 기재된 2016년부터 2030년까지의 국제 목표이다. '누구 하나도 남기지 않고 함께 나아간다'는 이상을 내걸고, 그 실현을 위한 17개의 목표와 169개의 세부 목표로 구성되어 있다. 여기에서는 17개의 목표만을 정리하여 표로 작성해 보았다(〈표 1-2〉).

17개 목표에는 빨강, 초록, 노랑, 감색 등의 색으로 분류되어 표시되고 있다(다음의 그림은 이해를 돕기 위해 한국어로 된 것을 제시한 것임). 17가지 색상을 동등하게 배치한 둥근 배지를 본 사람들도 많을 것이다. 정책 제언 등의 회의에서 그러한 내용들이 SDGs의 목표 중 몇 번에 해당되는 것인가 명시되는 경우도 있다.

표 1-2 SDGs의 17개 목표

Goal 1 No Poverty	모든 곳에서 모든 형태의 빈곤 종식
Goal 2 Zero Hunger	기아 종식, 식량 안보와 개선된 영양상태의 달성, 지속가능한 농업 강화
Goal 3 Good Health and Well-Being	모든 연령층을 위한 건강한 삶 보장과 복지 증진
Goal 4 Quality Education	모두를 위한 포용적이고 공평한 양질의 교육 보장 및 평생학습 기회 증진
Goal 5 Gender Equality	성평등 달성과 모든 여성 및 여아의 권익 신장
Goal 6 Clean Water and Sanitation	모두를 위한 물과 위생의 이용가능성과 지속가능한 관리 보장
Goal 7 Affordable and Clean Energy	적정한 가격에 신뢰할 수 있고 지속가능한 현대적인 에너지에 대한 접근 보장
Goal 8 Decent Work and Economic Growth	포용적이고 지속가능한 경제 성장, 완전하고 생산적인 고용과 모두를 위한 양질의 일자리 증진
Goal 9 Industry, Innovation and Infrastructure	회복력 있는 사회기반시설 구축, 포용적이고 지속가능한 산업화 증진과 혁신 도모
Goal 10 Reduced Inequalities	국내 및 국가 간 불평등 감소
Goal 11 Sustainable Cities and Communities	포용적이고 안전하며 회복력 있고 지속가능한 도시와 주거지 조성

Goal 12 Responsible Consumption and Production	지속가능한 소비와 생산 양식의 보장
Goal 13 Climate Action	기후변화와 그로 인한 영향에 맞서기 위한 긴급 대응
Goal 14 Life Below Water	지속가능발전을 위한 대양, 바다, 해양자원의 보전과 지속가능한 이용
Goal 15 Life on Land	육상 생태계의 지속가능한 보호·복원·증진, 숲의 지속가능한 관리, 사막화 방지, 토지 황폐화의 중지와 회복, 생물다양성 손실 중단
Goal 16 Peace, Justice and Strong Institutions	지속가능발전을 위한 평화롭고 포용적인 사회 증진, 모두에게 정의를 보장, 모든 수준에서 효과적이며 책임감 있고 포용적인 제도 구축
Goal 17 Partnerships for the Goals	이행 수단 강화와 지속가능발전을 위한 글로벌 파트너십의 활성화

출처: 지속가능발전포털. http://ncsd.go.kr/unsdgs?content=2

자료: 대한민국 지속가능발전목표 http://ncsd.go.kr/api/new_ksdgs_symbols.jpg

2) MDGs(Millennium Development Goals)와의 차이점

SDGs에서 반복해서 언급되는 경제성장의 지속가능성에 대해 세계적으로 문제의식이 공유되기 시작한 것은 미국의 환경학자 데니스 메도우즈(Dennis Meadous) 등이 「성장의 한계」[23]를 저술한 1972년으로 거슬러 올라간다. 시스템 다이내믹스(system dynamics) 기법[24]을 구사한 연구 성과에서 인류가 지구의 유한한 자원을 계속 사용하면 환경오염이 심각해져 100년 이내에 성장은 그 한계를 맞이하게 될 것이라 예상했다.

「성장의 한계」에서 제기된 문제의식은 세계 곳곳에서 논의되

---

23) The Limits to Growth. 한국에서 2021년 4월 「성장의 한계」로 출간되었다(갈라파고스 출판사).

24) 시스템 다이내믹스 기법은 J.W.Forrester에 의하여 창안되었지만, 그의 World Dynamics Model이 로마클럽 보고 내용인 'The Limits to Growth (1972)'의 시뮬레이션 모델의 원형이 됨으로써 세계적으로 주목을 받게 되었다. 로마클럽은 세계적 석학들의 모임으로서, 1970년대 초 '우리들의 경제 활동과 지구 환경이 미래에 어떻게 변화될 것인가'에 대해 MIT의 젊은 연구자 그룹에 연구를 의뢰했다. 그들의 시뮬레이션 결과는 1972년 「성장의 한계」라는 책을 통해 발표되었고, 인류의 미래에 대해 '이대로 인구 증가나 환경 오염 등의 추세가 지속된다면 자원 고갈이나 환경 악화로 인해 100년 안에 지구상의 성장이 한계에 도달한다'고 경고하게 된다. 재생 및 회복 속도 이상의 스피드로 지구상의 자원을 인간이 계속 소비한다고 가정한 시나리오에서 세계 경제 붕괴와 급격한 인구 감소가 2030년 즈음에 발생할 가능성이 있다고 추정해 당시 세계 각국에 큰 충격을 주었다. 이 때의 컴퓨터 시뮬레이션에 사용된 것이 'System Dynamics'라는 분석 기법이다.

었으며, 1987년 유엔 총회에서 설립한 세계환경개발위원회(World Commission on Environment and Development: WCED) 일명 브룬트란트위원회(Brundtland Commission)가 발간한 보고서인 '인류 공통의 미래(Our Common Future)'[25]에서 지속가능한 발전이라는 새로운 패러다임이 처음 제시되었고, 1992년 브라질 리우에서 개최된 리우환경회의에서 그 의미가 강화되었다. 이것이 SDGs의 출발점이라 생각할 수 있다.

한편, 2000년 개최된 유엔의 밀레니엄 써밋에서 MDGs(Millennium Development Goals: 밀레니엄 개발목표)가 채택되었다. 2015년까지 달성해야 하는 8개의 목표와 21개의 세부 목표로 구성되었다. '절대빈곤 및 기아 근절', '보편적 초등교육 실현' 등은 SDGs와 상당 부분 겹쳐진 내용이다. 그리고 2015년에 MDGs가 종료되자 지속가능성에 대한 개념을 기반으로 더욱 광범위하고 구체적인 SDGs가 유엔에서 채택되었다.

MDGs와 SDGs의 차이를 생각해 보면 MDGs는 개발도상국이나 신흥국에 관련된 과제가 많았고, 그 실현도 오로지 정부나 NGO의

---

25) 이 보고서는 '미래 세대의 필요를 충족시킬 능력에 손상을 주지 않으면서 현 세대의 필요를 충족시키는 개발' 개념을 제시하였다. 이 개념은 현 세대의 과도한 자원 사용과 개발이 후세대의 복지를 위협하지 않도록 배려하는 개발을 의미하며, 지속성·형평성·효율성을 토대로 사회경제 등 모든 분야의 정책수립 시에 가장 우선적으로 배려해야 할 중심 주제라는 의미를 시사하고 있다.

노력과 협력에 의존하는 부분이 적지 않았다. 때문에 선진국의 국민들이 '당사자 의식'을 가지기 어려웠다는 측면도 있었다.

이에 반해 SDGs는 선진국 과제도 망라해 민간기업들도 참여하게끔 요구하기에 이르렀다. 일본에서 경단련 등의 경제단체가 'SDGs 배지'를 가슴에 달고 활동 참여를 독려한 것도 문제해결의 주체로서 기업이나 비즈니스의 힘이 중시되고 있기 때문이다.

2017년 세계경제포럼(다보스 포럼)에서 SDGs가 달성된다면 적어도 12조 달러의 경제적 가치를 불러올 것이라는 예측이 발표되었다. 지구환경을 고려한 행위는 기업 성장의 제약요인이 아니라, 오히려 경제적인 혜택을 가져다 준다는 메시지이다.

앞에서 ESG의 직접적인 시작은 2006년 유엔이 제정한 책임투자원칙(PRI)에 있다고 말했다. 그 준비로서 2004년 유엔환경계획 금융이니셔티브(UNEP FI)가 세계의 자산운용 회사를 모아 '사회, 환경 및 지배구조의 중요과제가 주가에 주는 영향'이라는 보고서를 제출하였다.

이렇게 돌이켜보면 MDGs혹은 SDGs와 ESG는 거의 비슷한 시기에 병행적으로 준비되어 진행되었음을 알 수 있다. 이들 두 관계를 '수레의 두 바퀴'나 '동전의 앞 뒷면'에 비유할 수 있을 것 같다.

SDGs의 주체는 기업이다. 기업을 목표 달성으로 이끄는 힘이 필요하다. 기업을 움직이는 큰 힘은 주주의 목소리요, 자금 흐름이다. 즉, ESG 투자는 기업을 SDGs로 향해 달려가게 하는 원동력이 된다. 한마디로 표현하면 'SDGs는 목표이며, ESG는 수단"인 것이다.

제 2 장

변화하는 투자자

Environment

Social

Governance

[한번에 이해하기]

1. 수익은 절대 포기할 수 없다.
2. 100%의 ESG
3. 주주행동주의와의 접점
4. 공매도 전략으로의 ESG
5. 보유 아니면 매도?

한번에 이해하기

2장에서는 ESG가 자산운용 세계에서 얼마나 영향력을 가지고 투자자들의 행동을 바꾸어 가는지를 살펴본다. ESG 투자의 주안점은 환경 및 사회적 리스크를 조정한 후의 장기적 수익 향상에 있다. 수익을 희생하고 기업에게 사회적 책임만을 요구하는 것은 결코 아니다.

국내외 많은 투자자들은 ESG 투자와 수익 사이에는 양(+)의 상관관계가 있다고 보고했다. 예를 들어, GPIF의 'ESG 활동 보고'에는 ESG와 관련된 다섯 가지 주가지수의 과거 3년 실적은 모두 시장평균을 상회했다고 기술되어 있다. 향후에는 보다 장기적인 데이터에 기초한 검증을 통해 인과관계가 증명될 것으로 기대된다.

최근 모든 자금 운용에 ESG 관점을 포함시킨 'ESG 통합(ESG integration)'이라는 개념이 확산되고 있다. 일본생명보험이 2021년부터 전체 운용 자산에 ESG를 고려한 운용에 나선다는 보도를 접한 사람들도 있을 것이다. ESG 통합이 더욱 확산되면 ESG는 장기투자라는 개념으로 당연히 받아들여질 것이다. 아울러 앞으로는 ESG라고 강조할 필요조차 없어질지도 모른다.

ESG 개념이 당연한 것으로 시장에 받아들여지면 다양한 시장참여자들이 투자 기법으로서 ESG를 활용하게 될 것이다. 예를 들어 주주 입장에서 기업경영에 적극적으로 참여하는 액티비스트(activist: 행동하는 주주)[26]들이 ESG에 주목하고 있다. 일반적으로 액티비스트는 기

26) activist는 행동하는 주주, 기업경영에 적극 개입하는 주주 등으로 해석될

업에게 실적 향상이나 이익 환원, 부채 부문의 매각 등을 요구한다. 이에 반해, 'ESG 액티비스트'는 기업에게 환경 및 사회문제에 대한 대응도 더불어 요구한다. 세계적으로는 석유회사나 금융기관들에게 ESG 액티비스트가 주주 제안을 하는 예가 드물지 않게 되었다.

일본에서도 2020년 미즈호 파이낸셜 그룹의 주주총회에서 환경단체가 환경과 관련된 몇 가지 제안을 하여 30%를 넘어서는 지지를 얻어내기도 했다. 일본 메가뱅크에 대한 ESG 액티비스트의 요구는 2021년에는 더욱더 늘어날 전망이다. 물론 주주들 간의 논쟁거리도 더욱 다양해질 수밖에 없을 것이다.

장기 운용을 위한 ESG이지만 필요에 따라서 단기 투기적인 매매를 선호하는 헤지펀드도 투자기법으로서 ESG를 고려하기 시작했는데, 이는 기업의 환경 및 사회문제에의 대처 및 대응이 주가에 영향을 미치기 시작했기 때문이다. 실제 이산화탄소의 배출 억제에 미온적으로 대처하는 기업이나 공급망의 노동 환경이 열악하다고 생각되는 기업의 주식을 공매도하는 펀드가 출현하기도 했다.

ESG 투자 보급을 지지하는 PRI와 연금 등을 운용하는 자산 소유자(asset owner)가 'ESG형 헤지펀드'에 운용 위탁할 때의 지침을 수립하고 있다. ESG 세계에는 투자 철회(divestment)라는 기법도 존재한다. 헤지펀드 등의 공매도가 이루어진 일정 기간 후에 주식을 되사는 것과는 달리 헤지펀드는 완전매각으로 관계를 단절시킨다. 투자자들이

수 있는데, 본 번역서에서는 전체 맥락을 고려하여 '액티비스트'로 통일해서 사용하였음을 참고 바란다.

투자철회 대상을 결정할 때 환경단체 등의 자체 조사에 기초하여 작성된 리스트나 등급 평가 등이 영향을 끼치는 경우도 많다. 기업은 시장과의 커뮤니케이션 능력을 적정 수준으로 유지할 필요가 있을 것 같다.

1. 수익은 절대 포기할 수 없다.

1) 비즈니스의 지속가능성을 검증하는 체크포인트

"환경과 사회문제를 해결하는 것은 좋은 일이지만, 과연 투자를 통해 그러한 문제들을 해결할 수 있을까?"

"문제해결은 정부의 몫이지 투자자에게 책임을 떠넘기는 것은 번지수를 잘못 짚었다. 처음부터 수익을 희생시켜서는 안 된다."

ESG 투자에 대해 이와 같은 의견들이 지금도 나오고 있는 것은 사실이다. 어찌 보면 당연한 일인 것 같지만, 이 부분을 좀 더 정리해 볼 필요는 있다. 1장에서도 언급했지만 우리가 ESG 요소를 고려해야 하는 이유는 이를 통해 조직의 경쟁력을 유지 또는 강화시킬 수 있기 때문이다. 즉, ESG는 비즈니스 전략이지 자선사업을 위한 활동은 아닌 것이다.

투자 관점에서도 마찬가지이다. 투자자가 주식이나 채권 매매 판단을 할 때 ESG의 측면을 신중히 고려해야 하는 이유는 장기적 안

목으로 볼 때 투자 수익이 안정되기 때문이다.

환경문제를 도외시한 기업은 단기적으로는 돈을 벌 수 있어도 장기적으로는 기후온난화 등의 영향으로 향후 큰 손해를 입을 가능성이 있다. 불법적인 저임금으로 노동자를 착취하고 있는 기업도 머지않아 적발되어 기업 존속을 위태롭게 할 수도 있기 때문이다.

이와 같이 ESG는 비즈니스의 지속가능성을 검증하는 체크포인트라 할 수 있다. 장기투자에 필수불가결한 프로세스인 것이다. 정부가 ESG 투자를 추진하는 이유도 문제 해결의 책임을 투자자에게 돌리려는 것이 아니라, 연금 운용 등의 관점에서 환경과 사회적인 고려가 필수적이기 때문이다. 그린에너지 개발이나 차별 철폐와 같은 문제 해결을 위해 정부가 정책적으로 대응책을 마련해야 하는 것은 너무나 당연한 것이다.

또한, ESG 투자는 수익을 희생하고 사회를 풍요롭게 하자는 개혁운동이 아니다. ESG의 전신이라고 할 수 있는 사회적책임투자(SRI)에서는 이런 생각들이 여전히 정리되지 못했다. SRI가 통상적인 자금 운용에 비해 우수한지, 아니면 더 낙후된 방법이었는지에 대한 검증이 충분하지 못했던 것도 사실이었다. 최근에는 다양한 연구가 발표되고 있어 '아무래도 ESG 투자가 수익을 희생시키고 있는 것은 아닌 것 같다'라는 공감대는 형성되고 있는 것 같다.

2) GPIF의 ESG 활동 보고

일본에서 ESG 리더 역할을 담당하는 연금적립금 관리운용 독립행정법인(GPIF)은 매년 'ESG 활동보고'라는 보고서를 발표하고 있다. 자신들의 ESG 투자 실적이나 내용을 연금운용 위탁자인 국민들에게 설명하기 위해서이다. 보다 자세한 데이터를 설명하기에 앞서 다음과 같은 주목할 만한 점이 있다.

먼저 표지 부분이다. 2019년판 제목은 '모든 세대를 위하여(For All Generation)'인데, 현재 연금수급자뿐만 아니라 한창 일할 나이에 꼬박꼬박 보험료를 납부하고 있는 중년세대, 그리고 미래의 연금수급자인 청년세대 등 '모든 세대를 위하여' GPIF는 연금을 운용하고 있는 것이다. 조금 페이지를 넘겨보면 이런 내용도 있다.

"GPIF는 현재 세대뿐만 아니라 차세대 피보험자 여러분에게도 필요한 적립금을 남기기 위해 수탁자책임을 완수해 가겠습니다. 장기적 이익 확보를 위해서는 투자처의 지배구조 개선과 더불어 환경과 사회문제 등 '부정적 외부성'을 최소화하는 것, 즉 ESG 고려가 중요하다고 GPIF는 생각하고 있습니다."

보고서 제목과 함께 읽어보면 세대를 초월한 초장기 투자가 이익을 낼 수 있는 유용한 수단이 바로 ESG라는 뜻이 된다. 그러면 중요한 데이터를 검토해 보도록 한다.

3) 다섯 가지 주가지수로 점검

GPIF는 ESG와 관련된 다섯 가지의 주가지수－① MSCI Japan ESG Select Leaders Index, ② MSCI Japan Empowering Women(WIN) Select Index, ③ FTSE Blossom Japan Index, ④ S&P/JPX Carbon Efficient Index, ⑤ S&P Global Ex-Japan LargeMidCap Carbon Efficient Index－를 채용하고 있다.

위의 다섯 가지 지수를 중심으로 2017년 4월부터 2020년 3월까지의 3년간 연환산수익률이 시장평균(TOPIX 또는 일본 지수를 제외한 MSCI 전 세계 지수)을 웃돈 초과수익률을 알아보도록 하자.

초과수익율은 ① 2.38%, ② 2.13%, ③ 0.29%, ④ 0.24%, ⑤ 0.36%였다. 모든 ESG 관련 지수도 시장평균을 웃도는 성과를 보였다. 적어도 2017년부터 3년 동안만 따져 보면 환경과 사회문제를 적극 반영해 경영한 기업에 투자했다면 시장평균을 뛰어넘는 투자 성과를 거둘 수 있었다는 것이다. 이것으로 ESG는 수익을 희생시키는 개혁운동이 아님을 증명할 수 있다.

4) 다양한 검증에서 얻어지는 가설

또 다른 검증 결과도 살펴보자. 세계적인 투자신탁 운용사인 피델리티 인터내셔널(Fidelity International)은 2020년 1월부터 9월까지 자사가 독자적으로 기업에 매긴 ESG 등급과 주가 등락 관계를 분석했다. 신용등급 상위 2개 그룹(A&B)과 하위 2개 그룹(D&E)의

월간 주가 추이를 비교하면 8월을 제외한 8개월 동안 A&B 그룹이 D&E 그룹을 앞섰다는 결과치가 나왔다.

2020년의 주식시장 전반부는 COVID-19의 세계적 확산으로 주가가 하락했으며, 후반부는 백신 개발의 기대나 미국 대통령 선거 결과에 힘입어 회복세를 보였다. 주가는 위아래로 크게 요동친 양상을 보였지만, 어느 국면에서도 ESG 투자는 통상적인 투자를 웃도는 성적을 꾸준히 올릴 수 있었던 것이다.

닛세이 에셋 매니지먼트(Nissay Asset Management)는 'Stewardship Report 2020[27]'에서 ESG 요인별로 주가의 추이를 검증하고 있다. 동사는 자사에서 E(환경), S(사회), G(지배구조)로 나누어 독자적으로 기업 등급을 매기고 있지만, S 항목에서 평가가 높은 기업의 주가는 낮은 기업의 주가를 큰 폭으로 웃도는 수익률을 나타내고 있었다.

3단계 평가 최상위 'S-1 그룹'의 기업과 최하위 'S-3 그룹'을 비교해 보면, 2008년 12월부터 2019년 12월까지 S-1 그룹의 누적초과수익이 100%를 넘어선 반면, S-3 그룹은 −75%보다 낮은 결과를 보였다. 닛세이 에셋 매니지먼트의 S 평가기준은 주로 '기업과 이해관계자와의 관계가 양호한가, 또는 아닌가'를 중시한다고 한다.

그렇다면 다음과 같은 몇 가지 가설도 성립될 수 있을 것이다.

---

27) https://japansif.com/archives/972

- 가설 1: 종업원이 직장 환경이나 처우에 만족하는 기업의 경우, 기업의 생산성도 높을 것이다.
- 가설 2: 종업원 만족도가 높은 기업의 경우, 이직률이 낮아 생산과 판매 노하우가 축적되기 쉬울 것이다.
- 가설 3: 사회와 우호적 관계를 유지하는 기업의 경우, 구직자의 인기도 높기 때문에 우수한 인재를 채용하기 쉬울 것이다.
- 가설 4: 사회적 평가가 높은 기업 제품의 경우, 브랜드 경쟁력이 높아 가격 경쟁력을 가질 것이다.

즉, ESG 평가가 높은 기업은 인재, 생산성, 브랜드 경쟁력이라는 눈에 보이지 않는 비가시적 요소가 강한 경쟁력 유지로 이어진다고 볼 수 있다. 따라서 주가 측면에서도 평균 이상의 평가를 시장으로부터 얻을 수 있었던 것이다.

5) 일본은행도 증명

2020년 7월, 일본은행은 'ESG 투자를 둘러싼 일본 기관투자자의 동향'이라는 보고서를 발표했다. 왜 중앙은행이 이렇게 ESG에 관해 의견을 피력하는지 의문스럽게 생각하는 사람도 있을 것이다. 그 배경에 대해서는 나중에 언급하겠지만, 간략히 설명하면 ESG의 제반 문제가 투자뿐만 아니라 금융기관들의 경영건전성 혹은 금융시스템의 안정성과 밀접하게 관련되어 있기 때문이다.

그것을 차치하더라도 여기에서는 일본은행 보고서에서 언급되고 있는 ESG와 기업실적 간의 관계에 대해 간략히 살펴보기로 하자. 이 보고서에는 'ESG 투자와 수익 관계성에 대해서는 학회 관계자와 실무자 모두 아직까지 공감대를 형성하지 못하고 있다'면서도 선행연구에 기초하면 ESG 투자와 경영실적 관계성에 대해 비교적 긍정적인 효과를 시사하는 분석 결과가 많았다고 밝혔다.

구체적으로 1970년 이후에 발표된 ESG 요소와 기업실적에 관한 2,000편 이상의 연구를 조사한 결과, ESG 요소가 실적에 긍정적인 영향을 준다는 연구가 전체의 48%, 중립적이라는 내용이 23%, 부정적 의견이 11%, 긍정과 부정도 아닌 혼합형이 18%였다고 한다.

또한, 일본은행이 소개한 다른 연구에서는 미국 기업의 시가총액에 대한 무형자산이 주는 설명력은 1975년 17%에서 2015년에는 84%로 상승했다고 밝혔다. 무형자산이란 경영 노하우와 인재, 그리고 브랜드 경쟁력 등 기존의 손익계산서나 대차대조표로는 파악하기 어려운 비재무적 자산을 의미한다. 앞서 언급했듯이 ESG는 무형자산의 가치를 증가시키는 요소가 되기도 한다. 따라서 기업의 ESG에 대한 대응은 무형자산 증대를 통해 시가총액을 늘릴 수 있다는 개념 성립도 가능해진다.

6) ESG 투자의 합리성

지금까지 설명한 것을 종합해 보면, 다음과 같이 제언할 수 있다. "ESG 요소와 기업실적, 그리고 주가는 양(+)의 상관관계를 가지고 있는 것 같다. 따라서 연기금 등이 ESG 투자에 참여하는 것도 어느 정도 합리성을 가진다고 본다."

양의 상관관계는 단기부터 중기적 데이터에 근거한 내용이지만 장기적 검증에 대한 내용으로는 여전히 부족한 면이 많다. ESG 투자 역사가 얼마되지 않았기 때문에 지금은 그 한계성을 인정할 수밖에 없다.

또한, 양의 상관관계의 경우 반드시 인과관계를 증명할 필요는 없다고 본다. 환경과 사회문제에 적극적으로 임하고 있기 때문에 실적과 주가가 호조인가? 혹은 실적과 주가가 호조이기 때문에 환경과 사회문제에 적극적으로 참여할 여유가 있는 것인가? 전자와 후자는 그 원인과 결과가 완전히 반대이기 때문이다. 일본의 투자 문화에 ESG가 뿌리를 내리기 위해서는 장기적 데이터에 근거한 인과관계에 이르기까지 보다 정밀한 검증이 필요할 것이다.

2. 100%의 ESG

1) ESG 투자 규모

앞서 서술한 바와 같이 본서의 목적은 ESG 투자에 관한 기초적인 내용을 정리하고 향후를 전망하는 것이다. ESG 투자라는 용어도 몇 번이나 언급해 왔으며, 이 용어는 앞으로도 반복해서 사용할 것이다.

그렇다면 ESG 투자는 무엇일까? 일반적으로 환경, 사회, 지배구조의 세 가지로 간략히 설명되거나, 더 나아가 '환경과 사회문제를 고려한 투자'로 불리기도 한다. 그러나 이런 설명만으로는 알 수 있을 것도 같고, 모르는 것도 같은 애매하게 느끼는 사람들도 많을 것 같다.

따라서 이번에는 ESG 투자의 종류를 살펴보도록 하자. 더불어 최근 주류로 급부상 중인 ESG 통합(ESG integration)에 대해서도 설명하도록 하겠다.

전 세계 ESG 투자의 규모와 종류를 조사하는 'GSIA'라는 조직이 있다. Global Sustainable Investment Alliance의 약자로서 '글로벌 지속가능 투자연합'으로 번역된다. 전 세계 ESG 투자를 촉진하는 7개 투자자 단체가 협력하여 운영하고 있는 조직인데, 2014년 설립되었다. 7개 단체는 미국 USSIF, 유럽 Eurosif, 영국 UKSIF, 네덜란드 VBDO, 캐나다 RIACanada, 호주 RIAA, 일본 JSIF이다.

GSIA는 정기적으로 '세계 ESG 투자 리포트'를 발행하고 있는데, 이 보고서에 따르면 전 세계의 ESG 투자 잔고는 30조 달러를 넘어섰다라고 되어 있다.

1장에서는 ESG 투자 규모의 기준으로서 유엔의 책임투자원칙에

서명한 연기금이나 자산운용사가 가진 총자산은 100조 달러로 소개하였다. 30조 달러와 100조 달러는 그 격차가 너무 커서 상당히 의아하게 생각하는 사람도 많을 것이다.

이러한 정의나 데이터의 난해함은 ESG에 대한 회의적인 견해를 가지게 된 배경이 되기도 했다. 앞에서 '근거가 되는' 데이터의 중요성을 언급했지만, 시장 규모의 추정에서도 이러한 모호성은 있을 수 있다. 이러한 것들은 향후 개선되어 나갈 것으로 기대하고, 여기에서는 일단 그대로 받아들이는 것이 편할 수도 있다. 필자는 GSIA의 통계가 가장 세밀하고 엄밀하며, PRI의 자산 총액은 ESG 투자 규모의 최대치를 나타낸다고 생각하고 있다.

2) ESG 투자 종류

GSIA의 2018년 리포트에 따르면 ESG 투자의 종류를 아래와 같이 열거하고 있다.

---

① **네거티브 스크리닝(Negative/exclusionary screening)**
일부 섹터나 기업, 혹은 ESG 기준에 따라 문제가 있는 기업을 투자 대상에서 제외한다. 무기제조, 도박, 담배 등의 업종이 이에 해당된다. 종교적 이유로 투자하지 못하는 기업의 주식을 미리 제외하는 것도 포함된다.

---

② **포지티브 스크리닝(Positive/best-in-class screening)**
동종업계 중에서 ESG 평가가 높은 기업을 투자 대상에 포함시킨다. A사와 B사가 실적과 기업재무 등의 측면에서 동일한 평가를 받더라도 A사

는 이산화탄소 배출 억제에 노력하고 있으나, B사는 무관심하다면 이 경우 A사에 우선적으로 투자한다는 생각이다.

---

③ **규범에 근거한 스크리닝(Norms-based screening)**
유엔이나 국제인증단체가 규정한 ESG 기준에 미달하는 기업을 투자 대상에서 제외한다.

---

④ **ESG 통합형(ESG integration)**
재무적 분석뿐만 아니라 ESG 분석도 투자의사결정의 여러 과정에 반영하여 통합적으로 고려한다.

---

⑤ **지속가능성 테마 투자형(Sustainability-themed investing)**
기후변화와 생물의 다양성, 그린 에너지 등 지속가능성과 밀접하게 관련된 특정 테마에 따라 투자한다.

---

⑥ **임팩트 투자형(Impact/community investing)**
환경과 사회문제 해결을 위한 투자로서, 그린 에너지의 인프라에의 투자 등도 포함된다.

---

⑦ **참여의결권 행사형(Corporate engagement and shareholder action)**
의결권 행사나 투자처에 대한 압력을 통해 환경과 사회문제에의 대처를 촉구한다.

이 중에서 규모가 가장 큰 것은 ①의 네거티브 스크리닝으로 20조 달러 정도의 규모이다. 그 다음은 ④의 ESG 통합형(Integration)으로 약 18조 달러로 추산된다. 유럽에서 가장 많이 사용되는 투자 기법은 네거티브 스크리닝이며, 미국이나 캐나다, 오스트레일리아에서는 ESG 통합형이 가장 많이 활용되고 있다는 특징을 가진다.

2016년부터 2018년까지의 자산 증가율을 보면 네거티브 스크리닝은 연 31%, ESG 통합형은 69%였다. 현재 이런 경향은 팽팽히 맞서고 있기 때문에 조만간 통합형 전략이 ESG 투자에서 가장 큰 비율을 차지할 것으로 예측된다.

3) 주류가 된 ESG 통합형 투자

ESG 통합형 투자전략이 주류가 될 징후는 여러 곳에서 보여지고 있다. 2020년 가을, 일본을 대표하는 기관투자자의 ESG 투자에 관한 움직임이 표면화되었다. 2020년 9월 29일자 일본경제신문 조간 1면에 이런 기사가 게재되었다.

제일생명보험은 2020년 내에 외국 주식 운용을 환경과 사회공헌, 지배구조를 중시하는 ESG 투자로 전면적으로 전환할 예정이다. 약 4,000억엔 운용 기준으로 ESG를 고려한 주식별 ESG 지수를 감안하여 ESG 관련 종목에 투자할 방침이다. 이에 따라 ESG와 관련된 기업에의 자금 유입이 한층 가속화될 전망이다.

제일생명은 약 36조엔의 운용자산을 가진 기관투자자로서 외국 주식거래에서 ESG를 전면 채용하는 것은 일본 내 대형금융기관 중에서는 처음이며, 미국 MSCI의 지수를 기준으로 투자가 진행될 예정이다.

(중략)

연금적립금 관리운용 독립행정법인(GPIF)도 ESG 지수에 연동되는 투자 비중을 높이고 있다. 제일생명은 전체 운용자산에 ESG 도입 검토를 진행시킴과 동시에 국내 투자자들에게도 이러한 대응을 요청할 것이라 전했다.

다음은 2020년 10월 27일자 일본경제신문의 7면 기사이다.

일본생명보험은 2021년부터 전체 운용자산으로 환경과 사회, 지배구조를 중시한 ESG의 관점을 고려한 운용에 나선다. 기존에는 대응하지 않았던 국채와 국내 융자 등에 대해 ESG의 관점에 입각해 심사한다. 이와 같은 방침을 공표한 제일생명보험과 그 움직임을 함께할 예정이다.

(중략)

일본생명은 주식이나 회사채, 해외 융자에 대해서는 ESG를 고려한 운용을 하겠다고 밝히고 있다. 지금까지 대응하지 않았던 국채와 국내 대출, 부동산으로 적용 범위를 넓혀 전 자산을 ESG를 고려하여 심사하기로 했다.

국채에 관해서는 세계은행이 공표한 ESG 관련 데이터를 확인한 뒤 주로 외채에 투자할 때 참고할 예정이다. 국내 대출에서도 ESG에 대한 대출처의 평가를 확인하고, 부동산에서는 환경인증 취득을 권장한다. ESG를 중시하지 않는 투자 및 융자처에 대한 구체적인 대응은 향후 검토한다고 발표했다.

이와 같이 자금 운용을 '전체' 혹은 '모두' ESG에 대응시키는 것이 통합형의 특징이다. 운용 중에서 특정 ESG 상품을 만들어 매매하거나, 일부 자금을 실험적으로 운영해 보는 단계는 이미 지나버렸다. ESG는 머지않아 당연하며, 보편적으로 된다는 것이 필자의 생각이며, 이는 제일생명이나 일본생명과 같은 장기 투자자의 운용은 모두 ESG 통합형 전략이 된다는 것과 일맥상통할 것이다.

4) Robeco – 100% ESG 투자를 실현하는 기업

세계적으로 보면 100% ESG 투자자가 결코 드물지 않다. 네덜란드의 로테르담에는 로베코(Robeco)라는 자산운용회사가 있다. 1929년 세계 대공황 직후에 설립된 만큼 기업의 존속이나 생존, 그리고 회복력(resilience)이라는 면을 중시해 투자를 진행해 왔다. 현재는 일본 오릭스그룹의 산하에서 활동하면서 그룹의 자산운용을 핵심적으로 전담하고 있다.

운용자산 규모는 1,947억 유로이다. 규모로 보면 세계 랭킹 100위 정도이므로 규모면에서 크게 눈에 띄는 자산운용사는 아니다. 그러나 로베코는 1990년대부터 ESG 통합형에 눈을 돌림으로써 이 분야만큼은 오랜 역사를 자랑한다. 지금은 모든 자금을 ESG 통합형으로 운영하고 있다.

로베코 CEO인 질베르 반 허셀(Gilbert Van Hassel)과 이야기를 나눈 적이 있었다. "앞으로 ESG 투자의 기세가 꺾이지 않을 것 같은가?"라는 필자의 물음에 허셀 CEO는 이렇게 대답했다.

"오히려 자산운용에 있어서 당연한 일이 될 것으로 본다. 로베코는 100% 투자의사결정으로 ESG 요인을 고려하게 되었다. 이를 통해 자금 운용에 관한 생각도 달라졌다고 본다. 지금까지의 운용에는 리스크와 수익률이라는 두 가지 요소만 고려되었다. 향후에는 또 다른 요소가 더해지는 것은 아닐까? 바로 '웰빙(사회적 행복)'이다. 돈이란 것은, 좋은 사회를 만들 힘을 가지고 있다."

앞으로 '100% ESG', 'ESG는 당연하다'고 공언하는 기관 투자자가 늘어날 것은 확실해 보인다. 게다가, 모든 운용회사가 리스크와 수익뿐만 아니라 환경과 사회를 고려한 웰빙을 요구할 것이라는 움직임은 이미 나타나기 시작했다.

5) 자산 소유자

로베코와 같은 자산운용사는 연기금이나 재단 등으로부터 자산운용을 담당하고 있기에 '자산 관리자(asset manager)'로 불린다. 반면, 자산운용을 위탁하는 연기금이나 재단은 '자산 소유자(asset owner)'라고 하는데, 일본의 GPIF가 이에 해당된다.

자산 관리자의 자금운용 방침은 자산 소유자의 뜻에 따라야 하며, 이를 '수탁자책임'이라 부른다. 자산운용 세계에서는 이 단어가 매우 중요한 개념이기 때문에 꼭 기억해 둘 필요가 있다. 이 부분에 대해선 본서의 후반부에 다시 언급하기로 하겠다.

컨설팅 회사인 윌리스 타워스 왓슨(Willis Towers Watson)의 조사에 의하면 자산 규모로 본 세계 상위 100위 내에 속하는 자산 소유자들의 총 자산액은 약 20조 달러를 넘어서고 있으며, 자산 관리자에게도 수익률을 희생하지 않는 범위 내에서 환경과 사회를 배려한 운용을 요구하는 경향이 강해지고 있다고 한다.

블랙록(BlackRock)은 세계 주요 기관투자자들에게 ESG 투자에 관한 의식 조사를 실시하고 있다.[28] 조사에 응한 기관투자자들 대부분이 향후 5년 안에 ESG 투자에 대한 할당액을 2배까지 늘릴 방침이라고 말했다고 한다. 이제 ESG 투자는 자산 운용의 주류로서 자리잡았으며, 결코 특별한 사고방식도 아니며 한때의 유행으로 끝날 것 같지도 않다.

3. 주주행동주의와의 접점

1) 주주행동주의와의 융합

ESG가 자산운용 세계에서 흔한 일이 되면 다양한 투자 기법에도

---

28) https://www.blackrock.com/kr/about-us/blackrock-sustainability-survey에 들어가면 '2020년 글로벌 지속가능성 설문조사' 결과 내용을 볼 수 있다.

침투해 갈 것인데, 주주행동주의(shareholder activism)[29]를 한 예로 들 수 있을 것이다. 단지 주식을 사고파는 것만이 아니라, 주주 입장에서 투자처의 경영에 자신의 권한을 행사함으로써 기업가치 향상을 노리는 행위 이념이라고 생각하면 된다. 그리고 이러한 투자 기법을 취하는 투자자를 액티비스트(activist)라고 부른다.

일본에서는 종종 자주 '행동하는 주주'로 소개되고 있지만, 10여 년 전 특수주주(特殊株主)와는 그 개념을 달리한다. 일본에서도 기업 지배구조 개혁이 진행되어 일반적인 자산 운용사나 개인 투자자들도 주주의 입장에서 경영에 제안을 하게 되었다. 이러한 의미에서 볼 때 모든 주주들은 잠재적으로 액티비스트인 셈이다.

액티비스트들은 해당 기업들에게 배당이나 자사주 매입을 통해 잉여자금을 주주에게 환원하라든지, 기업 본업과의 시너지 효과를 기대할 수 없는 사업 매각, 사외이사 증원을 통한 지배구조의 질 향상 등의 다양한 주문을 하고 있다. 최근에는 액티비스트의 주문 중에 ESG에 관련된 항목들이 추가되고 있다. 여기에서는 이러한 적극행동주의와 ESG의 융합을 중심으로 다루어 보겠다.

---

29) 주주행동주의(shareholder activism)는 주주들이 기업의 의사결정에 적극적으로 영향력을 행사하여 자신들의 이익을 추구하는 행위를 말한다. 배당금이나 시세 차익에만 주력하던 관행에서 벗어나 부실책임 추궁, 구조 조정, 경영투명성 제고 등 경영에 적극 개입해 주주 가치를 높이는 행위 등이 이에 속한다. 한편, 주주행동주의자(shareholder activist)들은 이를 실천하는 사람들을 말한다.

2) 늘어나는 주주총회에서의 환경 관련 제안

액티비스트들의 실질적 힘이 발휘되는 무대는 단연코 주주총회일 것이다. 2020년을 돌이켜보면 주주총회에서 ESG 관련, 특히 환경 관련 제안이 거론되는 사례가 두드러졌다. 2020년 6월 25일 미즈호 파이낸셜 그룹의 주주총회에서 NPO법인 '기후 네트워크(교토시)'는 '탈탄소 행동계획'을 연차보고서에 포함시키도록 하는 정관 변경 요구 제안을 했다. 이 제안에 대해 34%의 지지로 정관 변경 특별결의에 필요한 2/3 이상의 찬성을 얻지 못했지만 국내외 자산운용사나 연기금 등이 동의 표를 모아주지 않았다면 이 정도의 지지표는 모이지 않았을 것이다.

'기후 네트워크'의 분석에 의하면 유럽계 투자사 이외에 일본에서도 노무라 에셋 매니지먼트, 농림중금 전공련 에셋 매니지먼트, 닛세이 에셋 매니지먼트, 에셋 매니지먼트 One이 이에 찬성했다고 한다.

이제 해외 사례를 살펴보도록 하자. 미국의 소비재 대기업인 P&G는 2020년 10월 13일에 주주총회를 개최했다. 거기에 공급망의 환경보호와 관련하여 정보공개의 충실성을 요구하는 주주 제안이 나왔으며, 67%의 주주 찬성으로 가결되었다. 제안은 '그린 센추리 에쿼티 펀드'라는 투자사가 낸 것으로서 P&G가 제품 공급망에 대한 포괄적인 환경 대책을 요구하지 않았다는 것을 문제시 삼았다. 사측은 현재 대책으로 충분하다며 해당 제안에 반대 의견을 밝혔다. 그러나, 환경 대책 제안은 일반 주주들에게 기대 이상으로 큰 호응을 받았다.

이처럼 미국과 유럽의 경우, 환경과 관련된 주주 제안들이 많이 받아들여지는 사례는 수도 없이 많다. 대형은행그룹인 JP모건체이스의 주주총회에서는 국제적인 기후변화 대책인 파리협정을 달성하기 위한 행동 계획의 공표를 요구하는 주주 제안에 50% 가까운 찬성표가 모였다.

자원 관련 대기업인 엑슨모빌 주주총회에서는 주주가 동사의 지구온난화 대책을 촉진하는 목적으로 회장과 최고경영자의 겸임 금지[30]를 제안, 결국 부결되기는 하였지만 찬성 비율은 전체의 30%에 달했다.

또한 동종 업계의 셰브론은 자사에 유리한 기후 관련 정책이 입법되도록 정치인들에게 로비한 '로비 활동비 공개'를 요구하는 주주 제안이 가결되는 경험을 겪었다. 이러한 '환경 액티비즘'을 통해 환경문제의 이슈를 제기하는 NGO나 NPO의 역할은 갈수록 중요해지고 있다.

예를 들면, JP모건에 제안한 곳은 'As You Sow[31]'라는 미국의

---

30) 회장은 주주로서 회사의 이익을 우선시하고, 최고경영자는 사회와 환경을 고려한 미래지향적 경영으로 미래수익을 보장할 수 있는 경영전략을 도모해야 하는데, 이들 사이에서 의사결정 차이를 해소하기 위해 겸임을 금지하는 것이다.

31) https://www.asyousow.org

NPO인데, 이 조직은 자산운용사들과 강력한 유대관계를 가지고 있다. 지구온난화 대책 외에도 기관투자자와 함께 식품회사에 플라스틱 폐기물 문제의 해결을 요구하는 등 폭넓은 활동을 계속하고 있다.

이러한 맥락에서 앞서 언급한 미즈호 파이낸셜 그룹의 총회를 다시 살펴보면, '기후 네트워크'의 제안에 많은 지지가 모인 것은 전혀 이상한 일이 아니다. 2021년 주주총회에서는 미즈호 파이낸셜 그룹 이외의 금융기관에 대해서도 환경단체들이 산림 보호에 관한 주주 제안을 할 예정이라고 지인으로부터 듣기도 했다.

3) 사회 관련 제안에서 빠짐 없이 등장

그렇다면 ESG의 'S'인 사회 관련 제안은 어떨까?

> "우리 자녀들이 최적의 방법으로 귀사의 제품을 사용할 수 있도록 부모들에게 많은 선택지와 도구를 제공해야 합니다."

2018년 1월 미국 애플 이사회에 위와 같은 내용이 담긴 편지가 도착했다. "아이들이 스마트폰 사용에 너무 빠져버리는 바람에 공부에 방해가 된다"는 문제에 대하여 제조자로서 접속 제한 등의 관련 대책을 마련해야 된다는 주장이었다.

여기에서 주목할 만한 점은 서한의 발신인이었다. 저명한 액티비스트인 'JANA Partners[32]'와 공적연금인 '캘리포니아주 교직원 퇴직연금기금(CalPERS)'의 연명이었다.

액티비스트와 공적연금이 공동으로 사업 재편 등을 요구하는 것은 미국에서는 드문 일은 아니지만 사회적으로 우려되고 있는 문제에 대해 함께 공동으로 팀을 이룬 것은 매우 드문 사례였다. ESG의 S, 기업의 사회적 책임을 액티비스트와 연금기관이 발맞춰 요구한 것이다.

트라이언 파트너스, 블루 하버, 레드 마운틴 캐피탈, 밸류액트 캐피탈과 같은 미국의 여러 액티비스트들과 이야기를 한 경험에 비추어 보면 그들은 ESG를 특별하게 생각하지 않고 있는 것 같다. 장기간에 걸쳐 변화하는 그 영향력이 몸으로 쉽게 느껴지지 않는 E(환경)보다, 당장 눈앞에 닥친 과제를 해결해야 하는 ESG의 S(사회)가 개인 주주로부터 지지를 얻기 쉽다는 계산이 작용하고 있는 것이다.

미국 컬스터스(CalSTRS)[33]의 기업지배구조 담당자로부터 "장기적으로 기업가치 향상을 도모할 수 있는 파트너로서 액티비스트를 항상 찾고 있다"는 말을 듣기도 했다. 미국의 액티비스트에 있어서도 ESG는 당연한 것으로, 연기금과의 연맹을 통한 공동 투쟁도 일상적인 것이 되었다. 이제 2021년의 일본 시장에도 그 영향력이 파급

---

32) https://www.janapartners.com

33) https://www.calstrs.com

될 것 같다.

4) 환경과 사회 관련 제안이 늘고 있는 미국

노르웨이 공적연금 GPFG는 '행동하는 공적연금'으로 잘 알려져 있으며, 그 운용을 담당하는 노르웨이 은행투자 매니지먼트 부문(NBIM)은 세계 곳곳에서 증가하는 ESG 관련 주주 제안에 관한 조사보고서를 2020년 6월에 발간하였다. 이에 따르면 세계적 추세로 볼 때, 모든 주주 제안의 70%는 특정 이사나 감사 선임에 관한 것이었다. 즉, 주주 대표의 사외이사 후보를 내세우는 등의 내용이다.

나머지 30%가 ESG에 관한 주주 제안이었는데, 대략적으로 G(지배구조)와 E&S(환경, 사회)로 나누어진다. G 관련 제안은 보수제도에 관련된 내용이 대부분이며, 그 이외 기업의 특정규칙 제정을 요구하는 등의 내용이었다. 예를 들면, 본사 소재지를 어떤 지역으로 한정하고 다른 곳으로 이전하지 못하도록 요구하는 내용이었다.

환경과 사회의 제안에는 본 절에서 언급한 온난화 관련의 정보공개나 삼림 보호의 정책 작성, 자사의 제품 및 서비스가 사회에 가져오는 폐해에 대한 대응 등이 포함된다.

이러한 환경과 사회 제안이 가장 많은 곳은 미국인데, 수적으로는 G를 상회하고 있으며, 전체의 35% 정도가 환경과 사회 제안이 차지한다고 보면 될 것이다. 반면에 유럽은 의외로 환경 및 사회문제에 관한 주주 제안들이 미국만큼 많지는 않다. 이는 주주와 기업

간의 커뮤니케이션 방법의 차이에서 발생하는 것 같다.

미국은 주주총회에서 법률에 근거한 제안을 하고 다수결로 매듭짓기를 선호한다. 반대로 유럽은 오히려 주주총회가 열릴 때까지 개별적으로 기업을 압박해 자신들의 요구를 받아들이도록 요구한다는 차이가 있다.

여기에는 구미의 문화적 차이도 있겠지만 미국이 법률적으로 주주 제안을 상대적으로 상정하기 쉽다는 배경 차이도 있다. 미국에서는 한번 제안을 내놓고 그것을 협상 재료로 삼아 제안의 부분적 수용을 약속 받은 뒤에 물러서는 전술도 구사한다.

어쨌든 주주가 기업들에 대해 환경 및 사회문제에 관련된 다양한 요구를 행하는 일은 세계적으로 늘어나고 있다. 이러한 측면에서도 'ESG = 당연한 일'로 인식되기 시작한 것이다.

4. 공매도 전략으로의 ESG

1) 왜, 공매도에 응용하는가?

ESG라는 개념이 자본시장에서 자리잡게 됨으로써 주식을 빌려와 추후 매각하는 공매도 투자전략과 더불어 이와 유사한 헤지펀드 전략에도 광범위하게 응용되기 시작하고 있다.

본래 ESG 투자는 기업의 눈에 잘 보이지 않는 무형적 가치를 제대로 파악하는 데 중점을 둔다. 장기투자에 적합한 사고방식인데,

다만 투기적 매매를 반복하는 헤지펀드나 공매도와는 그 성격이 전혀 다르다.

그러나 ESG가 기업의 주가 형성에 큰 영향을 미치게 되면 상대적으로 비싼 종목을 매각해 이익을 보려고 하거나, 의심되는 허위 정보를 발신하는 기업의 주식을 공매도해 버리는 계기를 만들기도 한다. 공매도를 통해 시장 전체의 공정성이 유지되고, 적정 주가를 파악할 수 있는 능력을 키울 수 있다면 이는 주식시장의 정의에도 부합된다. 이는 ESG의 정신과도 일맥상통하는 것이다.

2) PRI가 헤지펀드 선정지침 발표

이러한 현실을 근거로 ESG의 추진 기관들도 움직이기 시작했다. 유엔 책임투자원칙 사무국은 '헤지펀드들을 위한 ESG 도입에 따른 테크니컬 가이드'라는 지침을 발표했다. 연금 등의 자산 소유자들이 운용위탁처로서 헤지펀드를 선택할 때의 유의점을 설명하고 있다. 환경 및 사회문제를 분석할 수 있는 제반 능력을 갖추고, 운용 전략에 적절히 응용할 수 있는 역량을 가지고 있는지 잘 살펴보라는 내용이 주요 핵심이다.

PRI가 헤지펀드 지침을 발표한 것은 시장 현실을 근거로 한 것이다. 2020년 PRI의 조사에 의하면 책임투자원칙에 서명하여 ESG 중시를 표명한 연금이나 펀드, 그리고 금융기관들의 8%는 이미 자신들의 헤지펀드를 운용하고 있었으며, 서명 참여기관의 12%는 외부의 헤지펀드에 자금 운용을 위탁하고 있었다.

PRI의 최고책임자인 피오나 레이놀즈은 “헤지펀드에 대한 견해는 급속히 변화하고 있다”고 언급했다. ESG를 한층 더 시장에 보급시켜 가기 위해서는 유력한 운용자로서 헤지펀드를 인정함과 동시에 그들이 함께 참여할 수 있는 방법을 모색하는 편이 더욱 건설적이라 생각된다.

3) PRI 지침으로 움직이는 유력 투자자

ESG의 총본산이라 알려진 PRI가 제시한 지침의 영향력은 결코 작지 않았으며, 유력 투자자들은 즉시 시장에서 반응하기 시작했다. 예를 들어 프랑스 운용사인 BNP 파리바 에셋 매니지먼트는 2020년 7월 중순, 환경문제에 적극적으로 대처하고 있는 기업 주식을 매수함과 동시에 소극적인 기업 주식을 공매하는 ‘롱숏[34]’형의 펀드를 시작했다. 운용을 시작하자마자 자산 규모가 7,500만 달러로 늘어난 것에서 알 수 있듯이, ESG형 헤지펀드에 대한 관심과 기대는 높았다.

필자는 이 펀드의 운용 책임자인 에드워드 리즈와 이야기를 나눈

34) 매수를 의미하는 ‘롱(long) 포지션’과 매도를 뜻하는 ‘숏(short) 포지션’을 동시에 취하는 방식이다. 주식시장에서 장기적으로는 저평가된 주식을 사고, 단기적으로는 고평가된 주식을 파는 기법을 조합한 ‘장단기 기법’이다. 전통적인 헤지펀드의 일반적 거래형태이기도 하다.

적이 있으며, 그는 시원한 말솜씨에 복잡한 문제들도 간단 명료하게 잘 설명하는 인물로 기억된다.

> "수십 조 달러의 투자금이 새로운 산업에 유입되고, 이와 동시에 수십 조 달러의 자금이 쇠퇴 산업에서 빠져나간다. 이러한 변화는 분명했고 롱쇼트 전략은 유효하다고 생각했다. 기업 평가에서는 환경문제 해결에 필요한 구체적인 솔루션을 가지고 있는지를 중시한다. 주목하는 기술은 태양광, 풍력, 바이오연료, 수소, 연료전지, 스마트 미터(smart meter) 등이다. 원자력발전은 고민스럽다. 사고 발생 리스크나 폐기물 처리비용 등 심각한 문제를 가진 기술이란 것은 누구나가 알고 있다. 개인적으로는 지지할 수 없지만 온실가스 배출을 억제한다는 의미에서 현 상태로는 의존할 수밖에 없다는 현실도 이해하고 있다. 기존 원자력에 대한 투자가능성이 존재한다. 하지만 원자력발전소의 신규 건설은 회의적이다."

이러한 고도의 운용 전문가들이 금융시장에 진입함으로 인해 ESG 투자가 금융상품으로서 면모를 갖추게 될 것이며, 빠른 시일 내 금융시장에 정착될 것으로 보인다. 더욱이 쇼트 전략을 활용하는 것으로 시장에 대한 경종을 울림과 동시에 고발 기능으로서의 역할을 할 것으로 기대된다.

4) 회계조작 방지

여기에서 워싱(washing)이라는 용어를 소개하고자 한다. 글자 그대로는 '씻는 것'이지만 ESG 맥락에서는 '표면을 깨끗하게 보이게 한다'거나 '위장한다'는 등의 부정적인 의미로 쓰인다.

ESG 워싱이라고 하면 표면적으로는 환경이나 사회에 좋은 일을 하고 있는 것처럼 보이지만, 실태는 이산화탄소를 많이 배출하거나 아동노동 착취 혹은 인신매매에도 관여하고 있는 그런 기업을 말한다.

여기에서 주목받는 것이 기업경영을 세밀하게 조사해 공매도라는 수단으로 의심점을 파헤치는 헤지펀드의 힘이다. 2020년 7월 헤지펀드의 세계적인 단체인 대체투자협회(Alternative Investment Management Association: AIMA)가 다음과 같은 성명을 냈다.

> "공매도는 책임투자의 핵심적인 방법의 하나이다. 투자자는 ESG 리스크를 회피할 수 있으며, 좋은 임팩트를 낳을 수 있다. 헤지펀드는 부정한 사실의 발견 능력을 환경과 사회문제로도 확산시킴으로써 세계 시장을 보다 투명하고 안전하게 만들 수 있다."

구체적인 예를 들면 유럽을 대표하는 핀테크 기업으로서 주목을 받아왔으나 회계부정이 발각되어 경영 파탄을 하게 된 독일의 결제대기업인 '와이어카드(Wirecard)'가 있다. 헤지펀드는 이 회사의 부정을 재빨리 간파해 공매도의 형태로 시장에 경고 메시지를 보냈다.

와이어카드는 있어야 할 사내유보금이 실제로는 존재하지 않았다는 장부조작이 문제가 되었다. 기업이 지켜야 할 환경 및 사회에 관한 규칙들이 실은 지켜지지 않고, 실제는 그 반대였음이 밝혀지게 되면 와이어카드와 같이 공매도의 대상이 된다.

영국에 캐주얼 의류 판매로 급성장해 온 '부후(boohoo)'라는 소매업체가 있다. 2020년 여름, 부후가 업계 적정임금의 절반 정도만 공장 노동자에게 지불하고 있었다는 보도를 계기로 주가가 급락했던 적이 있었다([그림 2-1]).

그림 2-1 영국 소매업체 부후(boohoo)의 주가 (2020년)

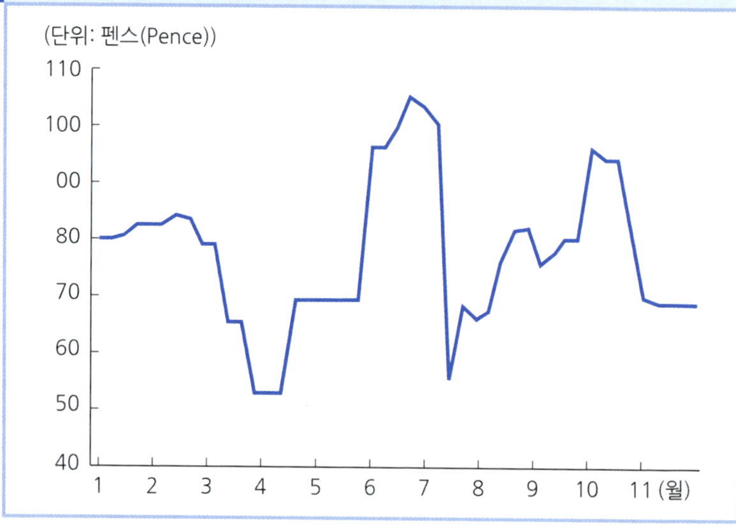

출처: 런던 증권거래소

다시 설명하겠지만 ESG의 S(사회) 요소 안에는 '현대판 노예'라는 조금 쇼킹한 말도 있다. 저임금과 장시간 노동 및 이동의 자유도 억압받는 열악한 노동환경에서 일하는 사람을 일컫는데, '부후'의 보도는 바로 현대판 노예 문제를 떠올리게 했다. 그리고 인권이나 노동문제에 대해 주가가 민감하게 반응한다는 것도 충분히 증명되었다.

5) 공매도는 궁극의 ESG 투자

머디워터스 리서치의 카슨 블록, 애플시드 캐피탈의 죠슈 스트라우스, 모픽 에셋 매니지먼트의 채드 슬레이터 등 세계에는 유명한 공매도 투자자들이 있다. 그들이 지금 가장 주목하는 것이 'ESG 워싱'이라고 한다.

미국에서 공매도 투자의 제왕이라는 별명을 가진 카슨 블록은 개인 채널 TV프로그램인 '제로스TV'를 개설하여 운영하고 있다. "쇼트(공매도)는 궁극의 ESG 투자다"라는 것이 최근 블록의 지론이다.

이 프로그램에는 테슬라 주식의 매도 추천도 했던 리서치회사인 '버티컬 리서치'의 고든 존슨도 등장하여 '태양광 발전의 플러그 뽑기(The Unplugging of Solar Power)'라는 제목으로 블록과 대담을 진행했다. 그는 ESG 투자에 유입되는 많은 자금들이 해당 기업의 편을 들어주는 달콤한 기업 평가로 이어지고 있으며, 언젠가는 이런 문제들이 발단이 되어 조정 타이밍이 올 것이라 예견했다.

2019년 미국의 정보 벤더[35)]인 '바클레이 헤지'는 세계 주요국의 헤지펀드 매니저를 대상으로 조사를 진행했다. "주식 투자의 의사결정시 ESG 정보를 고려한다"는 운용자는 40%가 넘었고, 60% 정도는 향후 반영할 예정이라 응답했다.

헤지펀드가 ESG에 대한 높은 관심을 가지게 된 배경에는 연기금 등 자산 소유자로부터 ESG 요소를 고려하도록 강요를 받았던 측면도 있다. 기업가치 형성에 있어 ESG로 대표되는 비재무정보의 영향이 높아지고 있으며, 이는 초과수익률 획득이나 리스크 관리에도 중요한 판단 재료가 될 수 있다. 헤지펀드가 투자전략으로서 ESG를 중시하는 움직임은 2021년에 본격화될 전망이다.

5. 보유 아니면 매도?

1) 투자 철회

ESG 투자에는 익숙하지 않은 용어들과 새로운 사고방식들이 쏟아져 나온다. 이로 인해 ESG에 더욱 더 친밀감을 가질 수 없게 되기도 하고, 혹은 쓸데없는 오해를 불러일으키기도 한다. 본서에서는 가능한 한 ESG 특유의 용어 사용을 최대한 자제하고 투자 세계에

35) 정보 벤더(information vendor)는 주식이나 환율, 경제 등에 관한 각종 뉴스, 세계의 최신 동향 등을 제공하는 전달원을 의미하는데, 일반적으로는 증권사나 FX 회사를 통해서 이용이 가능하다.

서 통용되는 용어 사용에 유의하고 있다. 이는 'ESG＝당연한 것'이라는 주장을 뒷받침하고 싶기 때문이다.

그럼, 투자 철회(divestment)라는 용어는 어떨까?

투자를 뜻하는 인베스트먼트(investment)의 반대말인데, 이는 보유하고 있는 주식이나 채권 등의 금융자산을 매각하는 것을 의미한다. 헤지펀드를 다룬 앞부분에서는 공매도라는 용어가 나왔었다. 보유한 자산을 처분해 잔고를 줄이는 것이 투자 철회이다.

한편, 보유하지 않은 주식이나 채권 등을 누군가로부터 빌려와 매각하는 것이 공매도로, 자산 총액은 마이너스이다. 하지만, 임대인에게 주식이나 채권을 반환해야 하기 때문에 일정 기간 안에 다시 매입하는 것이 일반적이다. 매도가격보다 재매입가격이 싸면 낮은 가격의 주식을 비싸게 판 것과 같기 때문에 그만큼의 차익을 기대할 수 있게 된다.

투자 철회는 시세 차익의 공매도 전략과 다르며, 이익 확정이나 손실 한정을 위한 통상적인 매도와도 뉘앙스가 조금 다르다. 여기에는 투자처에 대한 압력이나 항의와 같은 매도자의 의사표시가 포함되기 때문이다.

환경 및 사회문제에의 대처에 문제 있다고 판단되는 기업의 주식이나 채권을 매각함으로써 투자자가 해당 기업에 전략 수정이나 사업 방향성의 재고를 강요하는 것이다. 이것이 ESG 세계에 있어서의 투자 철회다.

2) 적극적으로 추진하는 대학기금

현재, 투자 철회를 가장 철저하게 도입하고 있는 자산운용 주체는 해외의 대학기금이다. 영국 케임브리지대학 기금은 화석 연료와 관련된 직간접적인 투자를 2030년까지 모두 종료할 방침이다. 그리고 투자처가 배출하는 이산화탄소 등의 배출량을 제로로 하는 목표를 내걸고 있다.

투자처가 탄소가스 배출 제로를 목표로 노력해 주면 좋겠지만, 이것이 어렵다고 판단되면 투자 철회라는 형태로 대응하게 되며, 매각 자금은 그린 에너지 등의 투자로 이어지게 된다.

하버드대학이나 옥스퍼드대학도 기금 운용에서의 탈탄소를 진행하고 있다. 케임브리지대학의 움직임은 다른 명문 대학들의 움직임을 의식한 것으로 보인다.

이와 같이 투자 철회는 연쇄적으로 일어나는 경향이 강한 것처럼 느껴진다. 이는 어느 자산 관리자가 ESG를 의식해 투자 철회를 실시했을 경우, 다른 자산 관리자에게도 자산 소유자로부터 "환경 파괴를 일으키는 기업에 왜 투자를 계속하는 것인가"라는 압력이 오기 때문이다.

3) 일본 기업도 대상

일본 기업들도 투자 철회 위협에 노출되어 있다. 프랑스에 본부를 두고 있는 NGO인 리클레임 파이낸스(Reclaim Finance)는 세계

25개의 NGO와 협력해 석탄 관련 기업에 대한 금융기관의 투융자 방침을 평가하는 데이터베이스(DB)를 구축하고 있다. DB의 명칭은 'Coal Policy Tool'로서 350.org나 BankTrack, Rainforest Action Network(RAN) 등 전 세계의 대표적인 환경 NGO가 파트너로서 참여하고 있다.

석탄 채굴사업이나 석탄 화력발전사업에의 투융자 방침을 고려하고 있는가, 석탄사업 철폐를 위한 행동 계획을 가지고 있는가 등 5개 항목에 대해서 '방침을 전혀 나타내고 있지 않다'면 최하위 단계인 0점을 부여, 탈탄소 방침의 강도에 따라 최고 단계인 10까지 부여하는 등 총 11단계 구조로 되어 있다.

평가의 첫 번째 기준인 석탄 관련 투융자에 대한 대표적인 사례를 들겠다. 프랑스의 금융기관이 최상위를 독점하였고, 그 다음으로 미국, 영국, 독일로 이어졌으며, 일본의 자산운용사나 은행은 중하위에 위치하고 있는 것으로 밝혀졌다. 중국이나 신흥국이 저평가 수준에 위치하고 있었으며, 저명한 투자자인 워런 버핏(Warren E. Buffett)이 운영하는 '버크셔 해서웨이'가 최하위에 위치한 적도 있었다.

리클레임 파이낸스의 창설자인 루시 핀슨(Lucie Pinson)은 "DB나 랭킹의 공표는 최종적인 평가가 아니라 대화의 실마리"라 언급했다. Coal Policy의 파트너로 참가한 350.org 일본 지부의 와타나베 에리도 "향후 금융기관이나 금융당국과 의견 교환 등을 할 기회는 증가할 것이다"고 보고 있다.

문제는 대화나 의견 교환의 결과이다. 일본 은행 등이 기대만큼 환경 대응을 진행시키지 않는다고 판단되면 그 순간 NGO와 제휴한 투자자가 리스트에 게재한 은행의 투자 철회를 시작할 위험이 있는 것이다.

4) 후보 리스트

실제로 NGO가 만드는 DB는 투자 철회 후보 리스트로서 그 기능을 하고 있다는 사실을 인지할 필요가 있다. 독일의 환경 NGO인 Urgewald는 'Global Coal Exit List(GCEL)'라는 DB를 구축하고 있다. 온난화와 연관성이 깊은 석탄사업을 운영하고 있는 전 세계의 기업 리스트를 정리하고 있다. 투자자는 게재 기업에 사업 철회나 축소를 요구하고 있으며, 투자 철회를 행사하는 일도 적지 않다.

Urgewald에 따르면 전 세계 약 200개가 넘는 기관 투자자가 GCEL을 이용하고 있다고 한다. 필자가 확인한 2019년판 리스트에는 746개사가 게재되어 있었으며, 일본의 대기업 상사 등이 포함되어 있었다.

스미토모상사가 국내외에서 석탄화력발전소 등의 신규 개발을 원칙적으로 중지하였으며, 마루베니(Marubeni)는 아프리카에서 계획하고 있던 발전소 개발에서 철수하였다. 2년 전 마침 ESG 투자가 활발해졌을 당시에 대기업 상사가 탈석탄 사업을 가속화했던 적이 있었다. 시장의 엄격한 평가가 사업에 큰 영향을 주고 있는 것은 틀림없는 사실이다.

한편, ESG의 전신이라 불린 사회적책임투자(SRI)를 설명했었다. 투자 철회는 SRI 때부터 있었다. 1980년대에 남아프리카공화국의 아파르트헤이트(Apartheid)에 반대하기 위해 기업이나 개인이 남아프리카공화국 관련 기업의 주식이나 채권으로부터 투자 자금을 회수해 버린 움직임들이 있었다.[36] 그러한 자금력의 행사가 아파르트헤이트가 폐지된 요인 중 하나였다는 지적도 있다.

5) 투자 철회보다는 경영 개입(engagement)[37]을

솔직히 일본의 금융기관이나 투자자로부터 투자 철회에 대한 회

36) 이와 같은 배경에 대해서는 '설리번 원칙(Sullivan Principles)'을 이해할 필요가 있다. 이는 남아프리카공화국에서 비즈니스를 하는 미국 기업은 종업원 고용 시 인종차별을 하지 않는다는 원칙을 말한다. 1977년 GM사의 감독위원회 중 최초의 흑인이자 침례교 목사인 레온 설리번(Leon H. Sullivan)이 제정했다. 당시 인종분리정책 아파르트헤이트 하의 남아공에서 설리번 원칙을 수용한 영미권 기업들과 투자자들은 사업 제한과 금융 제재를 통해 남아공 정부를 압박했다. 이 사례는 기관투자자들이 글로벌 차원에서 사회적책임투자(SRI)에 적극적으로 참여하게 된 중요한 계기로 인용된다. 한편, 아파르트헤이트가 철폐된 후 1999년 설리번은 UN과 함께 글로벌 설리번 원칙(Global Sullivan Principles)을 제정했다(참고: 사회적가치연구원의 'ESG Handbook Basic' 77페이지).

37) 책임투자기준에 맞는 기업경영 유도를 위해 주주권한을 활용하여 기업에 관여(의결권 행사나 주주 제안 등 적극적인 영향력 행사)하는 활동을 의미한다.

의적인 목소리를 많이 들어왔다. ESG에 대한 자사의 대처를 알리기 위한 과장된 연기의 하나이자, 기후변화 등의 문제를 해결할 힘이 우리들에게 얼마나 있는가라는 자조 섞인 의미로도 이해하고 있다.

또한, 환경 의식이 높은 투자자가 처분한 주식이나 채권은 매각된 기업이 회수하지 않는 한 다른 투자자가 매입해 버리게 된다. 이 투자자가 ESG에 관심이 없을 경우 기업에 대한 압력은 줄어들게 되고, 이러한 움직임은 탈탄소 운동에 마이너스로 작용할 수도 있다. 이에 투자자로서 이러한 점도 고려하여 기업과 우호적인 관계를 유지하면서 압박하는 것이 책임 있는 투자자의 자세가 아닌가 싶다.

개인적으로 투자 철회보다는 경영 개입을 의식해서 행동해야 하는 것이 더욱 바람직하다고 판단된다. 투자 철회는 최종 효과에 불투명한 점이 많이 남아 있기 때문에 논란이 분분한 방법이라는 것을 인식해야 할 것이다.

그러나 투자 현실에 눈을 돌려보면 세계적으로 화석 연료에서 투자를 철회한 단체들이 1,000개를 훌쩍 넘어섰으며, 총 운용자산이 10조 달러를 넘는 것은 결코 무시할 수는 없을 것이다. 기업에게는 엄청난 압박이며, 이에 맞서기 위한 투자자와의 의사소통이 무엇보다 중요하다. ESG 시대의 기업 투자자용 홍보와 IR에 대해서는 다음 장에서 자세히 살펴보도록 하겠다.

제 3 장

변화하는 기업

Environment

Social

Governance

[한번에 이해하기]

1. 히타치(Hitachi) 제작소
2. 에자이(Eisai) 제약회사
3. 글로벌 복합기업 소니(Sony)
4. 마루이(Marui) 백화점
5. 공급망을 바꾼 나이키(Nike)와 애플(Apple)
6. 액슨모빌(ExxonMobil)과 BP(The British Petroleum Company)

한번에 이해하기

3장에서는 기업 행동의 변화를 중심으로 다루어 보고자 한다. ESG의 너울은 연기금과 자산운용사의 투자 행태를 크게 바꾸어 놓았으며, 투자기업들의 입장에서도 변할 수밖에 없게 되었다.

시장과 기업의 접점이라는 의미에서 IR(investor relations)이 갖는 전략적 비중이 커지고 있다. IR은 기업이 공개하고 싶은 정보만을 일방적으로 흘리는 선전 활동으로 오해해서는 안 된다. 투자자의 말에 진심으로 귀를 기울여서 당연하다고 생각되는 제안은 받아들이며, 반론할 사안에 있어서는 철저하게 대응해야 한다. 이러한 변화된 시장과의 진검 승부는 피해갈 수 없는 상황이 되어버렸다.

ESG 관련 IR도구로서 주목받고 있는 것이 '통합보고서'이다. 유가증권보고서에서 공개되고 있던 기존의 재무정보와 더불어 자사 환경 및 사회전략 등 비재무정보를 통합적으로 설명하며 공개하는 보고서인데, 기재 방법은 특별히 정해진 사항이 없다. 이에 따라 기업이 자사에 대해 설득력 있는 스토리를 말할 수 있는 커뮤니케이션 능력이 요구되고 있다.

통합보고서의 스토리력으로 평가를 받고 있는 일본 기업들 중에 '히타치제작소'가 있다. 2020년 보고서에서는 히타치라고 하는 회사가 '어디에서 출발했고, 어디를 목표로 할 것인가', '앞으로 어떻게 성장해 나갈 것인가', 그리고 '이를 어떻게 지속해 나갈 것인가' 라는 세 가지 측면에 대해 뼈대 있고 설득력 있는 스토리가 기술되어 있다고 판단된다. 기존 일본 기업의 정보보고서에는 공식적으로 정해진 폼에 맞추어 숫자를 꼼꼼하게 채워 넣는 방식이 주류였다. 그러나 ESG 시대에는 이러한 낡은 스타일을 과감히 바꿔 나가야 한다. 때로는 기존 틀을 깨뜨린 과감한 시도로 투자자들에게 호소해야 하는 것이다.

제약회사인 에자이(Eisai)의 통합보고서는 상당히 심도 있는 실험적인 내용들로 구성되어 있었다. 인적자본이라는 관점을 도입해 '인건비 투입을 10% 늘리게 되면 5년 후의 주가순자산비율(PBR)이 13.8%로 향상되며, 연구개발비를 10% 늘리면 10년 후의 PBR이 8.2%로 확대된다'는 독자적인 조사 결과를 발표하였다.

소니는 '세계를 감동으로 충만하게'라는 존재의의(purpose)를 내걸고 일렉트로닉스로부터 영화, 음악, 게임, 금융 등 폭넓은 영역의 비즈니스를 통합적으로 스토리화하고 있다. 그런데, 사업 부문을 다각화한 기업형태인 복합기업은 하나의 분야에 집중 및 특화된 기업에 비해 많은 리스크가 존재할 수 있기 때문에 기업가치가 훼손될 가능성이 상대적으로 높다는 전문가들의 의견도 많다. 이는 '복합기업 할인(conglomerate discount)'이라 불리기도 한다.

소니의 경우도 미국의 액티비스트가 사업 분할을 요구해 왔었다. 하지만 소니의 대답은 정반대였다. 감동이라는 존재의의를 토대로 서로 다른 영역의 사업 통합이라는 길을 선택한 것이다.

유통기업인 마루이(Marui)그룹은 ESG 관점을 누구보다도 빨리 경영에 도입한 기업 중의 하나이다. 2050년의 미래사회를 구상하여 현 시점에서 자신들이 무엇을 해야 할지를 생각하는 '역발상 경영'은 11기연속 순이익 달성이라는 재무적 결과도 가져다주었다.

나이키와 애플과 같은 미국의 대기업은 공급망 전체를 주의 깊게 살피고 있다. 미국의 대기업들은 글로벌 전개가 일본 기업보다 앞서 있었기 때문에 아시아 신흥국의 환경파괴나 인권침해 문제를 일찍부터 직면하지 않으면 안 되었다. 그런 만큼 대응도 철저히 실행하고 있었으며, 이산화탄소의 배출 삭감이나 노동조건 개선 등의 노력을 말단 하청업체를 포함한 공급망 전체에서 전개하고 있다.

미국의 엑슨모빌과 영국의 BP(British Petroleum)를 비교해 보면 다소 흥미로운 점이 있다. 석유는 석탄과 함께 ESG 시대에서는 나쁜 비즈니스의 대표격이지만, 미국과 영국을 대표하는 양사의 환경문제에 대한 대처는 너무나 대조적이다.[38] 개선 없이 기존 방식을 고집하는 자세는 시장 평가를 저하시킬 뿐이라는 엄연한 사실을 직시하여야 한다.

38) 엑슨모빌은 ESG 관련으로 전기배터리 소재사에 30억 달러를 투자(2021. 2.1)하는 등 적극적인 행보를 보인 반면, BP는 멕시코만 기름유출사태(2010.4.20) 이후에도 적극적인 ESG 활동을 행하지 않고 있다. 카트린 하르트만(Kathrin Hartmann)은 그의 저서 『위장환경주의』(2018년 12월, 출판사 에코리브르에서 출간)에서 석유 시대의 종말을 선언하며 'British Petroleum'에서 'Beyond Petroleum'으로 변경한 것을 두고, 구체적인 대책을 제시하지 않고 '석유를 넘어서'라는 캐치프레이즈로 단순 이미지 변경을 시도한 BP를 Green washing이라 신랄하게 비판했다.

1. 히타치(Hitachi) 제작소

1) 통합보고서의 시대

기업이 경영전략이나 실적을 시장에 발신하는 것을 투자자용 홍보(IR: investor relations)라 한다. ESG 시대의 IR에서는 매출이나 이익 신장의 예상이라는 기존의 재무정보 이외에도 다양한 메시지를 발신할 필요가 있으며, 이를 위한 새로운 도구들도 확산되고 있다.

대표적인 것 중의 하나가 통합보고서이다. 영어로는 Integrated Report로서 'IR'로도 불린다. 투자자용 홍보 IR과 혼동할 수 있기 때문에, 본서에서는 통합보고서의 알파벳 약칭은 사용하지 않겠다.

ESG 투자자들이 요구하는 정보는 다양하다. E(환경) 관련이라면 온난화가스 배출량이나 플라스틱 등의 쓰레기 폐기량 등을, S(사회)는 사회공헌활동만이 아니라 유급 휴가나 육아휴직의 실시율 등과 같은 종업원에 관한 노동환경 정보도 중시된다. G(거버넌스)는 의사결정구조, 임원 임금의 결정 방법, 사외이사의 경영능력 등 지배구조와 관련된 정보가 요구된다.

기업이 결산발표에 사용하는 요약결산표(brief report)나 공적신고의무가 발생되는 유가증권보고서는 일정한 형식이 정해져 있기 때문에 ESG의 세 요소를 상세하게 기술할 수는 없다. 이에 따라 얼마 전부터 기업들 사이에 퍼진 것으로 법정의 재무제표와 ESG 관련 정보를 한 권으로 정리한 것이 바로 통합보고서이다.

2) 국제통합보고위원회(IIRC) 제언 – 여섯 가지 자본

영국에는 국제통합보고위원회(International Integrated Reporting Council: IIRC)라는 세계적인 투자자나 관련 기업들이 모인 조직이 있다. IIRC가 발표하는 통합보고서의 모형을 응용하여 전 세계의 기업들이 통합보고서를 발표하게 되었다.

IIRC가 제언한 통합보고서의 큰 특징 중 하나는 '다양한 자본 개념'을 제시하고 있다는 점이다. 자본이라 하면 일반적으로 대차대조표의 자본 부분으로 상징되는 금전적 자본을 떠올릴 것이다. 그러나, 기업은 그 외에도 환경자원이나 인적자원도 사용하고 있으며, 조직에 축적된 지적재산이나 노하우도 활용하고 있다.

IIRC는 기업이 가치 창출을 위해 사용하는 유무형의 자산을 광의적으로 자본이라고 정의하며, 이들 자본을 인적자본, 지적자본, 제조자본, 사회관계자본, 자연자본, 재무자본 등 여섯 가지 자본으로 분류하고 있다.

세계적 다국적감사법인인 KPMG는 매년 통합보고서의 보급 현황 등을 조사하여 발표하고 있다([그림 3-1]). 최근 보고서에 따르면 2019년 통합보고서를 작성하여 자료를 공개한 일본 기업의 수는 513개였다. 1년 전과 비교하면 89개사가 증가하였고, 5년 전인 2014년과 비교하면 3.8배로 급증했다. 513개사 중에는 도쿄증권

그림 3-1 통합보고서를 발표하고 있는 일본 기업들의 수

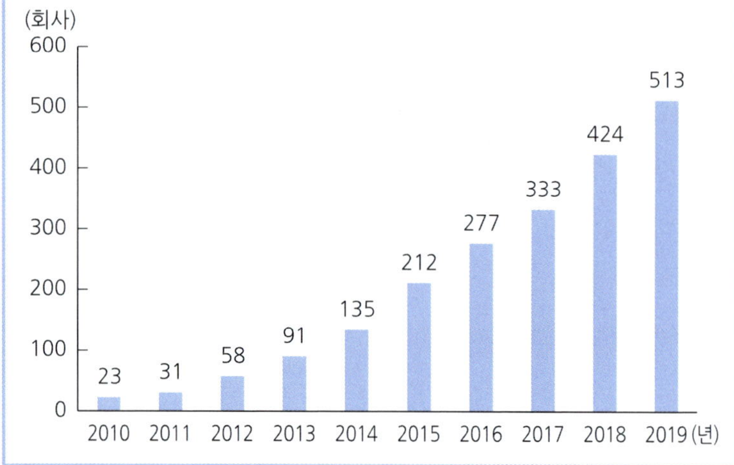

출처: KPMG

1부 상장사가 477개사로 가장 많았으며, 그 시가총액은 1부 시장 전체의 66%에 달했다.

일본에서는 법정 유가증권보고서 외에 기업들 스스로가 연차보고서(annual report)를 공개하는 기업도 적지 않다. 연차보고서에 ESG 정보를 덧붙여 통합보고서로 업데이트한 사례도 많이 볼 수 있다.

통합보고서 작성에 많은 시간이 소요되고, 좋게 만들려면 전문인력도 많이 필요하다. 그래서 통합보고서 작성이 대기업에 편중되어 버리는 것도 어쩔 수 없는 일이기는 하지만, 투자자의 저변을 넓히고자 하거나 ESG를 중시하는 외국인 투자자로부터 주목받기를 원

하는 중견 혹은 신흥기업의 입장에서 통합보고서는 투자 유치에 유효한 수단이 된다.

그럼, 통합보고서의 사례를 살펴보도록 하자.

3) 히타치제작소의 통합보고서 살짝 맛보기

일본경제신문은 1998년부터 투자판단 도구로서 우수한 연차보고서 표창제도를 만들었다. 최근 대기업에만 한정하면 거의 '연차보고서=통합보고서'이기 때문에 실질적으로는 통합보고서 표창제도의 형태를 보이고 있다고 보면 된다.

2019년 그랑프리에 선정된 것은 히타치제작소의 통합보고서였다. 일본경제신문 홈페이지에는 히타치제작소의 수상 이유로 '최고경영자의 열정, 혁신 향상을 위한 일관성이 있는 성장전략, 리스크에 대한 사고방식과 대응 방침, 이들 전체 내용이 투자자들이 이해하기 쉽도록 충실하게 기재된 정도'라 적혀 있다.

일단 아래의 2019년 보고서 목차만 훑어봐도 그 분위기를 짐작할 수 있다.

■ **히타치그룹이란**

히타치그룹의 사업 / 히타치그룹의 아이덴티티와 사회 혁신 사업 / 성장 스토리

■ **히타치그룹의 가치 창조**

CEO메시지 / 사외이사 대담 / 가치 창조 프로세스 / 여러 자본의 활용과 가치 창출 / 가치 창조 스토리

■ **히타치그룹의 성장 전략**

경영개혁의 변천과 중기경영계획 / 2021 중기경영계획의 개요 / 자산배분 전략 / 재무자본전략 / 혁신의 가속 / 환경 비전과 탈탄소 비즈니스 / Lumada[39] 강화 / 부문별 가치 창조 스토리

■ **지속경영을 유지시키는 경영 기반**

리스크와 기회에의 대응 / 정보보안 추진 / 노동안전위생, 종업원 건강 / 밸류 체인에서의 책임 / 컴플라이언스 / 품질보증 / 기후변화 관련 정보공개 / 기업지배구조 / 매니지먼트 체제

■ **데이터 부문**

10개년 데이터 / 부문별 요약본 / 재정상태, 경영성적 및 현금흐름 상황 분석 / (이하 생략)

총 105페이지로 구성되어 있어 결코 얇지는 않지만, 담고 있는 정보를 생각하면 꽤 읽기 쉽고 간략하게 정리되어 있는 느낌이다. CEO 메시지도 구체적이며, 통합보고서의 특징인 6개의 자본 해설도 '인적자본 연결 종업원수 29만 5,000명', '지적자본 연구개발 투

39) 히타치의 전략 플랫폼을 의미한다.

자 3,231억엔' 등 정량적인 정보를 포함시키는 등 노력한 흔적을 엿볼 수 있었다. 또한, ESG 정보에 있어서는 '경영 기반' 파트에 정리되어 있다.

일본 기업의 연차보고서나 통합보고서는 어쨌든 현재 진행 중인 중기경영계획의 설명이나 진행 상황에 대해 분량을 할애한 부분도 있었다. 히타치제작소의 경우에는 먼저 CEO가 비전을 제시한 뒤, 그 비전을 중심으로 경영계획이 포지셔닝되고, 그 후 여러 자본들을 어떻게 사용하고 있는가를 밝히고 있다. 이러한 스토리성은 통합보고서를 만들거나 읽고 평가할 때 매우 중요한 요소가 된다.

2020년판 통합보고서를 살펴보도록 하자.[40] 목차 내용은 아래와 같이 구성되어 있었다.

■ 어디서 출발해, 어느 곳을 향해 나아갈 것인가?

히타치그룹의 사업 / 히타치그룹의 아이덴티티와 사회혁신 사업 / COVID-19 대응에 따른 히타치의 기본 방침 / CEO 메시지

■ 어떻게 성장해 나갈 것인가?

가치 창조 프로세스 / 과거의 중기경영계획의 회고 / 전략과 자원배분 / 전략 1: 사회혁신 사업의 가속화를 통한 매출 및 이익 확대 / 전략 2: 글로벌 경쟁력 강화 / 전략 3: 이익 향상을 위한 경영기반 강

40) https://www.hitachi.co.jp/IR/library/integrated/2020/index.html

화, CFO 인터뷰 / 5섹터의 가치 창조 스토리

■ **어떻게 지속해 나갈 것인가?**

리스크와 기회에 대한 대응 / 정보보안 추진 / 노동안전위생, 종업원의 건강 / 밸류 체인에 있어서의 책임 / 품질보증 / 컴플라이언스 / 기업지배구조 / 사외이사 메시지 / 매니지먼트 체제

■ **데이터 부문**

10개년 데이터 / 5개년 데이터(비재무정보) / 부문별 요약본 /(이하 생략)

데이터 부문을 제외한 각 장의 제목들이 구어 형태의 의문형으로 기술되어 있어 히타치제작소라는 회사가 무엇을 호소하고 싶은지가 보다 선명하게 나타나 있다. 2019년판에서 '히타치그룹이란'과 '히타치그룹의 가치 창조'의 2개 장으로 나뉘어 있던 내용들이 '어디서 출발해, 어느 곳을 향해 나아갈 것인가?'에 통합됨으로 인해 설명의 중복감이 해소되었으며, CEO 메시지도 이 부분에 수록되어 있다.

전체적으로 깔끔하고 알기 쉽게 구성되어 있기 때문에 통합보고서만으로도 '히타치제작소가 어떠한 회사로, 향후 어떻게 성장을 지속해 나가려 노력하고 있는가'에 대한 설명이 보다 명확하고 확실하게 이루어졌다고 생각된다.

통합보고서의 가장 큰 특징은 '형식의 자유'이다. IIRC가 제창한 6개의 자본이 활용되는 경우가 많지만, 각 내용들을 도입할지는 기

업 나름으로 기술 표현에도 유연성을 가질 수 있다. 다만 투자자들이 사용할 수 있다는 전제도 감안하여야 하기 때문에 재무제표 등은 정확하게, 가능한 한 장기간의 과거 데이터도 소급해서 게재하는 편이 바람직할 것이다.

2. 에자이(Eisai) 제약회사

이처럼 자유로운 표현이 가능한 반면, 전통적인 기업 평가에 필요한 재무정보도 함께 담아야 하기 때문에 통합보고서를 '프리 연기'와 '쇼트 프로그램'과 같은 규정 연기를 함께 요구하는 피겨 스케이팅에 비유하기도 한다. 메달을 따기 위해서는 2개 종목 모두 높은 점수를 받아야 하지만 경기자가 청중들의 마음을 사로잡기 위해 승부를 거는 것은 프리 연기 쪽이다.

통합보고서도 마찬가지로 투자자들로부터 높은 평판을 받는 회사들은 대부분 이러한 프리 연기 부분에 노력하고 있다. 히타치제작소의 히라노 야스오 브랜드 커뮤니케이션 본부장(당시)은 2019년 통합보고서에 대해서 이렇게 말했다.

"지금까지의 통합보고서는 재무정보 중심의 연차보고서 형태를 고집해 왔었지만, 지금은 통합보고서란 프리 연기라고 생각한다. 회사를 어떻게 보여줄지를 고민하면서 메시지성을 보다 강하게 어필해야만 한다는 간부의 의견을 근거로 '통합보고서란 무엇인가? 어떻게 만들어져야 하는 것인가?'라는 물음을 재차 숙고해 제로 베이스로 전체를 구축해 나갔습니다."

1) 언젠가 재무적 가치를 가질 비재무정보

프리 연기가 빛난 또 다른 통합보고서를 하나 더 소개하고자 한다. 제약사인 에자이가 2020년에 발표한 통합보고서[41]는 시장으로부터 높은 평가를 받은 것 중의 하나였다.

통합보고서는 재무정보와 ESG로 대표되는 비재무정보가 혼재되어 있으나, 에자이의 경우 비재무정보가 언젠가는 재무적인 가치를 가지게 될 것이라는 전제 하에 기재되어 있다. 반대로 말하면 재무적인 임팩트를 가져올 수 있는 비재무적 정보가 더욱더 중요하다고 말하고 있다.

보고서 초반 부분에 'CSV(Creating Shared Value)', '공유가치 창출'이라는 개념을 제시하고 있다. 이것은 2011년 기업전략론의 대가인 하버드대학의 마이클 포터 교수와 마크 크레이머 교수가 함께 제안한 것으로 '경제 가치를 창조하면서 사회적 요구에도 함께 대응함으로써 사회적 가치도 창조한다'는 생각이다.

이와 비슷한 개념으로 CSR(Corporate Social Responsibility)이 있

41) https://www.eisai.com/ir/library/annual/pdf/epdf2020ir.pdf

지만, 에자이는 CSR을 '임의적 혹은 외압에 의해서 억지로 행하는 것으로, 이익의 최대화와는 별개의 것'이라 정의하고 있다. 이와 반대로 CSV는 '경쟁에 불가결 요소로, 이익을 최대화하기 위해서는 반드시 필요한 요소'로 구별, 에자이가 추구하는 것은 어디까지나 이익인 것을 재차 강조하고 있다.

2) 선행투자의 의미를 가진 인건비와 연구개발비

이러한 자세가 잘 드러난 부분이 통합보고서의 '재무 기반' 파트이다. 에자이의 CFO인 야나기 요헤이가 어느 프로그램 대담에서 인적자본과 자본시장에 있어서의 기업가치 창조의 관계를 아래와 같이 언급했다. 야나기에 따르면 동사의 기존 데이터를 분석한 결과, 아래의 결과를 얻을 수 있었다고 한다.

– 인건비 투입을 10% 늘렸을 경우, 5년 후 PBR(주가순자산비율)이 13.8% 향상된다.
– 연구개발비를 10% 늘렸을 경우 10년 후에 PBR은 8.2%로 확대된다.
– 여성관리직 비율을 10% 개선하면(예: 8% → 8.8%) 7년 후 PBR이 2.4% 높아진다.
– 육아시간 단축근무제도 이용자를 10% 늘리면 9년 후의 PBR은 3.3% 향상된다.

PBR(주가순자산비율)은 기업의 주당 순자산에 대해 주가가 몇 배 변동되었는지를 나타내는 지표이다. 본서는 투자지침서가 아니기 때문에 여기서는 PBR이 높을수록 주가도 높아진다는, 즉 시장에 있어서의 기업가치는 상승한다고 이해해 주길 바란다.

인건비나 연구개발비 계정은 손익계산서에서 원가나 일반관리비로 분류되는 비용이다. 이를 낮게 유지하고 이익을 늘리면 시장가치, 즉 주가도 오를 것이라 생각하기 쉽다. '야나기 이론'에 따르면 인건비나 연구개발비는 단순비용이 아닌 선행투자적인 측면이 있으며, 선행투자가 결실을 보게 됨으로써 이익으로 이어진다. 따라서 눈앞의 이익 창출을 고집해 필요한 선행투자를 억제하는 것은 주주를 위한 일이 아니라는 것이 그의 결론이다.

여성 활용이나 육아시간 단축근무제도도 어떻게 보면 사회적 요청에 근거한 기업 대응이라고 생각하기 십상이다. 그러나, 여성들이 일하기 좋도록 근무환경을 정비하게 되면 여기에 조직의 다양성이 더해져 남성들과 다른 관점의 경영 아이디어가 나오기 쉬워진다. 급격한 경영환경 변화에 있어서의 여성 활용은 틀림없이 경영에 긍정적 요인이 될 것이며, 투자자들의 평가도 덩달아 높아질 것이다.

인적투자나 여성 활용은 ESG에 있어서의 S(사회)의 핵심적인 요소에 해당된다. 앞에서 ESG의 'S'에서 높은 평가를 받은 기업은 주가 움직임도 좋다는 닛세이 에셋 매니지먼트의 검증 결과를 소개했었다. 에자이의 통합보고서는 이러한 것들을 기업 측에서 뒷받침한 결과이기도 하다.

3) ESG 고려이익

에자이 통합보고서의 프리 연기를 하나 더 보기로 하자. 야나기는 '인건비 등의 지출이나 연구개발비는 미래이익의 원천이 되는 투자이기 때문에 이를 회계상의 이익에 더할 수 있는 것이 아닌가'라는 생각을 하였다. 2019년도 에자이의 영업이익은 1,255억엔이었는데, 여기에 인적 지출(인재투자)을 합하면 3,678억엔이 될 것이라 추산했다(〈표 3-1〉).

이러한 가설에 근거하는 이익은 요약결산표나 유가증권보고서에

표 3-1 에자이가 투자자들에게 제시한 ESG 손익계산서(2019년도, 단위: 억엔)

① 매출액	6,956
② 원가	1,757
③ (그중 인적자본)	142
④ 연구개발비	1,401
⑤ 판매관리비	2,563
⑥ (그중 인적자본)	880
⑦ 기타 손익	20
⑧ 영업이익	1,255
⑨ ESG 고려이익	3,678

注: ⑧+③+④+⑥=⑨

기재할 수는 없다. 하지만 프리 연기가 허용되는 통합보고서라면 얼마든지 가능하다. EBITDA(법인세, 이자, 감가상각비 차감 전 영업이익)라는 생각도 처음엔 쉽게 받아들여지지 않았지만, 최근에는 기업과 투자자가 수익력을 논의할 때 하나의 툴로서 완전히 정착하게 되었다.

에자이가 통합보고서에서 제시한 'ESG 고려이익'도 머지않아 시장에서 받아들여질 날이 올지도 모른다. 필자의 지인인 자금운용자는 "아직까지 조금 서툰 면이 있기는 하지만, 충분히 주목할 만한 시도"라 언급을 하기도 했다.

4) SAP의 종업원 관여지수(EEI)

사실 에자이의 야나기 CFO에게 큰 영향을 준 해외기업이 있다. 바로 독일의 소프트웨어 대기업인 SAP이다. SAP는 종업원의 근로의욕이나 자긍심, 소속감 등을 조사하여 독자적인 '종업원 관여지수(EEI: Employee Engagement Index)'를 산출하고 있다. EEI 값이 높다는 것은 기업과 직원 관계가 양호한 것을 의미하며, 낮다면 노사관계가 나쁘다는 것을 의미한다.

2018년판 SAP 연차보고서에 따르면 EEI가 1% 상승하면 5,000만~6,000만 유로의 영업이익이 증대된다고 한다. 교육 등에 예산을 투자하여 직원 만족도를 높이는 것은 경영 실적에 긍정적인 영향을 미친다는 것을 정량적으로 제시하였는데, 이는 결국 인적자본의 중요성을 다시금 일깨우려 한 것으로 보인다.

그런데 현재 SAP는 분석 데이터를 공개하고 있지 않는 것으로 봐서 시행착오를 계속하고 있는 것으로 조심스럽게 추측하고 있다. 그럼에도 불구하고 SAP에 자극을 받은 에자이가 독자적인 정보를 공개한 것처럼 다른 일본 기업 사이에서도 인적자본의 평가에 관한 시도는 증가할 것으로 보인다.

5) 인적자본에 대한 투자부족 탈피

조금 관점을 바꿔 보면 "인건비를 어떻게 이해해야 하는가"라는 논의는 일본 경제의 잠재성장률에도 영향을 끼칠 것이다. 거품경제 붕괴를 거쳐 저성장에서 헤어나지 못하고 있는 일본은 한때 잠재성장률이 0% 가까이 떨어진 적도 있었다. 그 이유 중의 하나로서 인적자본에 대한 투자가 부족하여 혁신이 생기기 어려워졌기 때문이라는 견해도 있다.

거품경제가 붕괴한 1990년대 이후의 일본 기업에 있어서 인건비는 비용과 다름 없었고 이익을 내기 위해서는 삭감해야 할 대상이었다. 후생노동성에 따르면 국내총생산 대비 기업이 종업원의 능력개발에 지출하는 비용은 미국이 2%를 넘고 유럽 주요국이 1%대인 것에 반해 일본은 0.1%에 불과했다. 이는 능력개발비를 이익 압박 요인으로 봤기 때문인데, 이런 환경에서는 혁신을 기대하기 어렵고 잠재성장률도 올라가지 않는다. '인건비=사람에 대한 투자'라는 사고방식이 회계 및 재무적으로 정착된다면 기업의 주가 형성만이 아니라 일본 경제성장에도 좋은 영향을 미칠 것이라 생각한다.

도쿄대학의 야마구치 신타로 교수는 2020년 10월 11일, 일본경제신문과의 인터뷰 기사에서 스가 정권에 대해 아래와 같이 요청하였다.

> "인적 투자를 충실히 해야 한다. 교육 효과는 바로 보이지 않겠지만 시간이 지나면 반드시 그 효과는 나타난다. 정치인은 미래에 대한 투자가 업적(정치적 공적)이 된다고 생각하여 진지하게 임하길 바란다."

ESG 과제인 인적자본은 거시경제적으로도 중요한 의미를 가진다. 기업들이 통합보고서로 공시하는 내용들도 향후 보다 많은 주목을 끌 것으로 보인다.

3. 글로벌 복합기업 소니(Sony)

1) 소니의 정보공개 특징

다음은 소니의 사례를 들어 보겠다. 1970년 뉴욕증권거래소에 일본 기업으로서는 처음으로 상장된 소니는 상품의 독창성뿐만 아니라 4분기 결산 도입이나 이사회 개혁 등의 면에서 일본 기업들의 선구자로, 그리고 ESG에 관한 정보공개에서도 모범을 보이는 기업이라 판단된다.

소니의 정보공개 특징은 그 '볼륨과 중층(重層) 구조'에 있다. 63페이지 분량의 2020년 통합보고서[42)]를 살펴 보면 실적이나 재무제표 등 주주를 염두에 둔 정보공개 부분에서는 '투자자 정보' 섹션을 참조하도록 웹사이트에 공지되어 있으며, ESG 정보에 대해서는 별도로 지속가능보고서[43)]가 준비되어 있다는 취지의 설명이 덧붙여져 있다.

통합보고서를 정보공개의 포털로 규정하고, 거기로부터 주주와 기타 이해관계자 각각이 필요로 하는 정보원으로 유도하는 형태이다. 이러한 분류 방식은 '통합적인 정보공개 방법이 아니다'라는 비판도 있지만, 모든 경영정보를 무조건 한 권으로 정리해 결과적으로 전화번호부와 같이 두꺼운 보고서로 만들어 버리면 읽는 사람이 필요로 하는 정보가 보이지 않는 곳에 묻혀 버리게 되는 사태도 발생할 수 있다. 세부 데이터는 웹사이트의 전문 섹션에 기재하고, 보고서 자체는 최고경영자의 메시지나 경영 스토리를 전달하는 데 중점을 두는 방식이 효과적이다.

소니와 같이 제조업부터 영화 및 음악 부문의 엔터테인먼트도 가

---

42) https://www.sony.com/ja/SonyInfo/IR/library/corporatereport

43) https://www.sony.com/ja/SonyInfo/csr/library/reports

지고 있고 게임 부문과 금융 사업까지 국제적으로 전개하는 글로벌 복합기업이 '한 권으로 정리'하는 것에 너무 집착해 버리면 경영의 전체감을 전달할 수 없다는 폐해도 존재할 수 있기 때문이다.

정보공개 장소를 분류하는 것으로 자사 이미지를 깔끔하게 그려내는 소니의 스타일은 ESG 시대에 있어서 정보공개의 방향성의 한 틀을 제시하고 있다고 생각한다.

2) 존재의의와 가치관

내용을 한번 살펴보기로 하는데, 우선 정보공개 포털인 통합보고서이다. 앞서 언급했듯이 총 63페이지의 매우 콤팩트한 구조로서, 그 첫머리에는 여백미를 담아 '소니의 존재의의와 가치관'(Sony's Purpose & Values)이 적혀 있다.

소니의 존재의의는 '창의성과 기술의 힘으로 세계를 감동으로 채운다'이며, 소니의 가치관은 '꿈과 호기심', '다양성', '고결함과 성실함', '지속가능성' 등 총 4가지로 기재되어 있다.

소니의 사업 영역은 게임, 음악, 영화, 일렉트로닉스, 이미징 및 센싱, 금융 등 다방면에 걸친 사업들로 구성되어 있다. 이러한 부문들이 각각으로 운영되는 것이 아니라 하나의 존재의의(purpose)를 가지고, 유기적으로 통합 운영되고 있는 기업이라는 것을 보고서의 첫머리에 선언하고 있는 것이다.

바꾸어 말해 이러한 표기가 없다면 소니는 단지 여러 사업에 손을 뻗치고 있는 대기업이며, 각각의 사업들이 상호간의 가치를 상쇄시켜 버리는 복합그룹 할인(conglomerate discount)의 우려도 있을 수 있다. 미국 투자자들이 여러 차례 소니에게 자회사 분리 상장을 요청했지만 소니는 이를 거절했고 반대로 사업 통합이라는 형태를 제시한 것이다.

존재의의와 가치관 조항에 이어서 CEO인 요시다 켄이치로의 메시지가 7페이지에 걸쳐 기술되어 있으며, 이러한 내용만으로도 전체의 10% 이상을 차지하고 있다.

똑같은 실적 데이터나 있었던 사실들을 설명하는 경우에도 단순히 글과 같은 평이한 설명보다 육성이 느껴지는 메시지가 더 설득력이 있다. CEO나 CFO의 메시지가 중시되는 것도 이러한 최근 통합보고서의 큰 흐름이다.

또 하나 중요한 점은 '반복성'이다. 요시다 CEO의 메시지 타이틀은 '보다 가까이 사람들에게 다가가 세상에 감동을 계속적으로 전한다'이다. 존재의의와 가치에 언급된 '감동'이라는 말이 다시 등장한다. 여기까지 읽는 것만으로도 독자는 소니가 어떤 가치를 창출하려 하는지 직감적으로 이해할 수 있을 것이다.

소니의 존재의의는 Fill the world with emotion, through the power of creativity and technology로 표현되어 있다. 복합그룹 할인의 우려 해소를 요구하는 미국 투자자들과의 격렬한 물밑 공방을 생각해 볼 때 이러한 소니의 세련된 메시지 표현방식은 조금은 감동적이라 생각된다.

3) 중요과제(materiality) – 주요 리스크 파악

ESG 정보를 게재한 소니의 2020년 지속가능보고서는 163페이지에 달하는 엄청난 분량이다. 그 첫머리에서 나타나 있는 핵심 사항이 중요과제(materiality)이다. 중요과제는 ESG 투자에 꼭 필요한 중요한 개념인데, 소니를 사례로 그 개념을 설명하도록 하겠다.

ESG에 관한 정보는 E의 경우, 이산화탄소와 쓰레기의 배출 상황, S는 노동환경–유급휴가 비율–여성활용 정도, G는 사외이사 구성원들의 이력이나 인원 수, 이사회의 개최 상황 등 실로 다방면에 걸쳐 있기 때문에 대체 어디서부터 손을 대야 할지 모르는 기업도 적지 않다.

일단 경영환경 변화에 발맞춰 전기절약 상황이나 평균 임금, 남녀직원 비율, 도쿄증권거래소의 규정에 따른 지배구조체제 등을 통합보고서로 공개한다면 그걸로 충분하다고 생각하는 움직임도 적지 않다. 그러나 이러한 생각들은 진정으로 ESG 투자자를 유치하고 싶다고 생각하는 기업들의 입장에서는 역효과를 불러올 수 있음을 기억해야 한다.

ESG라는 것은 기업을 둘러싼 비재무적 위험을 상징하는 말로서 이산화탄소나 여성활용 등의 각론에 억지로 구겨 넣을 필요는 없다. 넓은 시각으로 자사 경영에 중요한 영향을 줄 만한 요소나 사건들이 무엇인지 그 리스크를 파악해야 한다. 이러한 중요 리스크의 파악이 중요과제(materiality)이다. '중요성'이라는 번역어로 어느 정도 설명될 수 있는데, 핵심은 경영진이 제대로 논의하여 자사의 리스크를 판별해 내는 것이다. ESG 투자자는 기업 스스로가 자사 비즈니스의 중요과제 리스크를 인식하고 있는지를 본다. 이에 ESG 보고서에는 중요과제에 대해 기술해야 한다.

소니는 그룹의 중요과제를 '가장 중요'와 '중요'의 두 단계로 나누어, 중요과제 항목과 지속가능보고서 게재 부문의 2곳으로 분류한 뒤, 19개의 중요과제 항목을 기술하고 있다(〈표 3-2〉).

'가장 중요'한 중요과제 항목은 테크놀로지와 인재를, '중요' 항목은 지배구조와 리스크 관리, 정보보안, 세무전략 등이 포함되어 있다. 또한 전체 19항목의 중요과제에 대해 2019년도의 실적을 자세한 데이터로 덧붙여 설명함으로써 향후의 대응 방침을 기술한 일람표도 기재해 두었다.

물론 '개별적 대응은 어떤가'라는 점도 중요하지만, ESG 투자자는 이러한 정보공개를 개략적으로 확인함으로써 기업이 어느 정도 심도 깊게 리스크를 인식하고 대응하려 하는지를 판단하는 것이다. 단지 환경 대응이나 사회공헌 활동을 싣는 것이 통합보고서가 아니라는 것을 충분히 이해할 수 있을 것이다.

표 3-2 소니의 '중요과제(materiality)' 항목

중요과제 분석 결과	중요과제 항목	지속가능보고서 게재 부문
가장 중요	테크놀로지	테크놀로지 부문
	인재	인재 부문
중요	기업지배구조	기업지배구조
	리스크 관리	
	정보보안	
	세무전략	
	기업윤리와 컴플라이언스	기업윤리와 컴플라이언스
	프라이버시	
	부패 방지	
	인권 존중	인권 존중
	책임 있는 공급망	책임 있는 공급망
	제품 품질	품질, 고객 서비스
	인간중심 설계(HDC), Accessibility(접근 용이성)	
	고객서비스	
	자원순환	환경
	기후변화	
	화학물질	
	생물다양성	
	사회공헌 활동	지역사회와의 관계

출처: Sony 2020년 지속가능보고서, 5페이지를 토대로 역자가 작성한 것임.

4) 책임 있는 공급망 관리

소니의 중요과제 중에서 글로벌 기업들의 공통된 고민이라 할 수 있는 항목에 주목해 보자. 물론 환경문제가 중요하지만, 그 이외에도 최근 ESG 투자자들이 주목하고 있는 것이 '책임 있는 공급망 관리'이다.

선진국의 대기업들은 21세기에 들어 개발도상국과 신흥국에 제조 및 판매 거점을 지속적으로 진출시켜 왔다. 바로 글로벌 공급망이다. 이들은 그물망처럼 복잡하게 얽혀 있고, 하청 협력구조가 2차에서 3차, 다시 4차, 5차로 겹겹이 겹쳐져 있다. 그리고 어느덧 선진국의 어느 대도시에 있는 본사에서는 말단 거점에서 무슨 일이 일어나고 있는지 그 상황을 전혀 모르는 상태가 되었다.

개발도상국이나 신흥국의 노동 현장에서 심각한 인권 침해가 일어나도 최고경영자가 이를 전혀 파악하지 못하는 비극들이 연이어 일어나고 있다. 앞에서 ESG 헤지펀드를 설명했을 때 소개한 영국 소매업 '부후(boohoo)'의 저임금 노동도 하나의 사례이다.

2020년 전 세계를 뒤덮은 코로나 바이러스도 ESG 투자자들이 공급망 문제에 더욱 관심을 기울이는 계기가 되었다. 경영 실적이 급속히 악화된 선진국 대기업들이 개발도상국과 신흥국의 제조 및 판매 거점을 정리하거나 인건비를 더 절감하기 위한 움직임이 보였기 때문이다. 당연히 이러한 여파들은 2차, 3차, 4차로 더욱 파급되어 사회적 약자들에게 악영향을 미쳤다.

이러한 실태를 인권단체들이 고발을 통해 ESG 투자자와 공동 투쟁해 나감으로 인해 기업들에게 개선을 강요하는 사례도 증가하고 있다. 공급망 인권은 탈탄소와 더불어 ESG의 2대 테마로 간주되고 있는데, 글로벌 기업이라면 당연한 것으로 받아들여야 하는 것이다.

소니는 지속가능보고서에서 공급망에 관한 2019년도의 주요 실적을 게재하고 있다. 국내외 14개 사업소의 실태를 자체 점검을 한 것 외에 162개 공급업체에 대한 전수조사도 실시했으며, 이와 더불어 2차 공급업체의 행동규범 준수도 요청했다. 향후 대처에 관해서는 3차 이후의 공급업체들에게도 행동규범의 준수를 전파시킬 방침이다.

이러한 내용들은 2020년 9월 소니가 개최한 'ESG/테크놀로지 설명회'에서도 쟁점 중의 하나가 되었다. '2차에서 3차, 4차로 거슬러 올라가 직거래 관계가 없는 공급업체의 실태를 파악한다는 것은 많은 어려움이 따른다'는 솔직한 목소리가 회사측으로부터 들려왔다. 소니의 고민은 글로벌 시장을 공략하려는 모든 일본 기업들이 가진 공통된 ESG 과제라 할 수 있다.

4. 마루이(Marui) 백화점

1) 키워드는 '행복'

2020년 3월까지 11분기 연속 순이익을 기록한 유통기업인 마루이 그룹은 경영전략에 ESG를 가장 빨리 도입한 기업으로 알려져 있다. 2016년 ESG 추진부를 설립, CSR 추진부나 경영기획, IR 부문으로 나누어져 있던 관련 업무를 하나로 모아서 주주와 더불어 주요 이해관계자들에 정보 발신을 강화했다.

마루이의 ESG 경영의 특징은 '미래로부터의 구상'에 있다. 마루이 경영은 '함께 만들어 가는 경영(共創經營)'이라 불린다. 고객, 거래처, 직원, 미래세대, 지역과 사회, 주주와 투자자라 불리는 여러 이해관계자들과 함께 기업을 만들어간다는 의미이다. 2005년 4월부터 사장직을 맡고 있는 아오이 히로시는 이해관계자 경영에 대해 이렇게 생각하고 있다고 언급했다.

"고객도 변했고 시대도 변했다. 기업도 문화를 바꿔 나가야 한다. 자신들의 이익만 생각하지 말고 고객을 제대로 이해하고, 고객을 주어(主語)로 말할 수 있는 회사가 되어야 한다. 중장기적 전략을 구축하고, 기업풍토와 문화를 만들어 이를 통해 독자적인 가치를 창출하여 남들이 흉내내지 못하는 견고한 가치를 만들고자 했다. ESG 또한 마찬가지로 하루아침에 이룰 수 있는 것이 아니다. 기업풍토와 문화에 뿌리내린 사회와의 우호적인 관계가 실제 기업경영에 효과적으로 반영되어 업적으로 환원되는 것이다. 이해관계자의 공통된 이해를 '이익'이라고밖에 부를 수 없는 것은 너무 업무적인 측면만 집중해서 그럴 수 있을 것이다. 그곳에 인생을 대입해 보면 비로소 진정한 의미가 느껴지게 되고, 모두가 공감할 수 있게 된다. 즉, 기업 경영에 인생이라는 키워드가 도입되면 이것만으로도 행복해진다."

닛케이ESG, 2020년 1월호 인터뷰에서

아오이가 사장으로 취임하기 전인 2003년의 마루이는 인사제도 개혁을 단행하여 자회사로 많은 사원을 전근시키거나, 단기적인 성과를 중시하는 인사평가제도로 바꾸거나 했다고 한다. 그 결과 회사와 직원 간의 신뢰관계가 손상되어 회사 분위기는 살얼음판처럼 얼어붙어 버렸다. 더욱이 취임한 지 얼마되지 않아 리먼 브라더스 사태에도 휩쓸려 버려 회사는 존망의 위기에 서게 되었다.

그때 떠오른 것이 ESG 경영이었다고 한다. 2015년에는 통합보고서 '공창(共創) 경영 리포트 2015'를 발행, 설명회를 2015년 12월에 개최했다. 이 자리에서 아오이 사장이 강조한 사고방식은 '행복'이었다.

일본 사회가 물적 풍부함에서 심적 풍부함을 중시하는 사회로 전환되는 시대 변화 속에서 고객에게 제공하는 '행복'이라는 본연의 의미가 바뀌어 가고 있다.

통합보고서 중에서

우선, '변해가는 사회를 제대로 바라보고, 거기에서 살아가는 개인 한 사람 한 사람의 행복감을 높이려면 어떻게 하면 좋을까', 이 것이 마루이의 비즈니스를 설명하는 철학이 되었다.

2) Vision 2050

사회 변화를 예측하기 위해 마루이가 구축한 것이 비전 2050[44]이다. 문자 그대로 2050년에 어떠한 사회가 탄생할 것인지에 대한 마루이의 미래 예상으로, 그 내용은 아래와 같다.

① '나다움'을 추구하면서도 '상호관계'를 중시하는 세계

다양성 추진으로 고령자, LGBT(성소수자), 외국인이나 장애자 등 모든 사람들이 당연하게 '나다움'을 추구할 수 있고, 소수집단(minority)이라는 개념이 없어질 수 있도록 전 세계의 중간 및 저소득층에 부응한다.

② 글로벌 거대 신시장이 출현하는 세계

'세계의 초부유층 vs 중간 및 저소득층'이라는 사회가 찾아온다. 세계의 중간 및 저소득층에 공통된 사회적 요구나 과제, 교육·의료·금융·소비 서비스 등의 다양한 사업 기회가 생겨나서 글로벌한 거대 신시장이 출현한다.

44) https://www.0101maruigroup.co.jp/en/sustainability/vision2050

③ 지구환경과 공존하는 비즈니스가 주류를 이루는 세계

지구환경과 공존하는 비즈니스만이 살아남을 수 있는 세계가 찾아온다. 자연의 힘을 활용한 재생가능 에너지의 이용이나 자원 낭비를 이익으로 전환할 수 있는 순환경제(circular economy)가 당연시된다. 미래세대 사람들은 구매행동이나 소비활동을 통해 지구환경과 공존하는 것을 중시한다.

다소 억지스러울 수 있겠지만 사회구조의 변화를 예상하고 있는 ①은 ESG의 S(사회), 글로벌한 시장구조의 본연의 자세를 말하는 ②는 G(지배구조), 그리고 환경문제를 언급하는 ③은 E(환경)이다.

3) 미래로부터의 역산에 근거한 경영

2050년에 이러한 세계가 도래한다면 현재의 마루이는 어떤 전략을 취하고, 어떤 포석을 두어야 하는 것일까? 마루이의 ESG 경영은 이런 미래로부터의 역산(逆算)에 근거해 구축되고 있다.

먼저 E(환경)의 경우, 마루이는 2019년 3월의 유가증권보고서에 '기후관련 재무정보공개 태스크포스(TCFD)'의 제언에 대응한 정보를 게재했다. 기업은 TCFD를 유가증권보고서와는 별개의 환경보고서 등에 싣는 것이 일반적이었지만, 법정 유가증권보고서의 일부에 포함시켜 정보의 신뢰성을 높이려는 목적을 염두에 두고 있었다.

환경을 중시하는 마루이의 진정성을 투자자들에게 호소하려는 효과도 있었다.

또한, 세계의 기관투자자가 서명한 국제환경조직인 탄소정보공개프로젝트(Carbon Disclosure Project: CDP)[45]는 기업의 환경 대응 활동에 있어 가장 우수한 평가를 받았다는 것을 의미하는 '기후변화 A리스트'에 마루이 백화점을 3년 연속 선정하였다. TCFD에 대한 대응 이외에 공급망 전체의 이산화탄소 배출량이 6년 연속 감소하고 있는 등 구체적인 대처 실적이 고려된 것으로 보인다.

다음으로 S(사회)의 구조 변화에 대한 대응은 어떨까?

예전부터 자사 신용카드 사업을 보유했던 마루이는 금융에 관한 노하우도 축적되어 있었다. 이러한 경험을 살려 2018년 쯔미키(tsumiki)증권을 설립하였다. 주로 투자경험이 적은 초보 투자자와 미경험자를 위한 투자신탁의 적립투자에 특화된 금융 서비스를 제공하였다. 글로벌 시장에 출현한 거대한 중간 및 저소득자 시장을 의식한 비즈니스라고 말할 수 있다.

또한, ESG의 S 과제에 해당하는 다양성의 실현 방침을 살펴보자.

---

45) CDP는 2000년 영국에서 설립된 국제 비영리기구로, 전 세계 9,600여 개 기업의 기후변화 대응 등 환경경영 관련 정보공개를 요구하고, 공시정보를 분석해 투자자 및 금융기관에 제공하고 있다. 매년 발표되는 CDP 평가결과는 전 세계 금융기관의 ESG 투자 의사결정을 위한 정보원으로 활용되고 있다.

2018년 12월, 마루이는 일본의 소매업으로서는 처음으로 유엔이 정한 'LGBTI(성소수자)들에 대한 차별 해소를 위한 대응'에 동참했다. 노동협약에 '성 정체성, 성적 지향을 이유로 차별적 취급을 하지 않는다'는 문구를 넣는가 하면, 그룹 인권 방침에는 '성별, 성 정체성, 성적 지향 등에 의한 차별을 배제해 개인의 인격과 개성을 존중한다'고 명기하는 등 다양성에 대한 배려에도 힘을 쓰고 있다.

직원의 다양성은 보다 세심한 영업전략이나 판매상품의 매입, 점포 임대, 거래처 선택 등에 활용될 수 있다. 이러한 의미에서 마루이의 다양성은 경영전략 그 자체로 볼 수 있다.

미래로부터 역산하는 마루이의 ESG 경영은 직원들의 도덕성을 향상시킴과 동시에 브랜드 경쟁력도 증대시키고 있다. 직원의 높은 도덕성은 노동생산성을, 그리고 높은 브랜드 경쟁력은 이익률 상승이라는 재무지표의 개선으로 이어진다. 마루이는 이러한 비재무정보를 재무정보로 전환시키는 것을 실현시키고 있는 기업이라 말할 수 있다.

2020년 3월 결산에서 1.5%의 매출 감소에도 불구하고 1.8%의 영업이익을 달성했다. 경기불황 중에도 마루이는 ESG 경영의 필요성과 그 진가를 단적으로 증명해 보인 것이다.

5. 공급망을 바꾼 나이키(Nike)와 애플(Apple)

1) 브랜드 위기

공급망 관리문제를 좀 더 파고 들어가 보도록 하자. 기업들의 글로벌 진출로 인한 공급망이 안고 있는 리스크가 자본시장에서 인식되는 계기를 만든 기업은 미국의 스포츠 용품 대기업인 나이키(Nike)다.

한눈에 알아볼 수 있는 스우시(swoosh) 마크, 인기 농구선수와 타이업(tie-up)하였던 '에어조단'으로 1990년대에 세계적 인기를 얻은 나이키이지만, 그 뒤에는 공급망 리스크가 늘 잠재되어 있었다.

1992년 하퍼스 매거진(Harper's Magazine)이 나이키의 하청공장에서 일하는 사디사라는 한 젊은 인도네시아 여성이 너무나 열악한 시급으로 일하고 있는 실태를 고발했다.[46] 이를 시작으로 1993년부터 1996년까지 뉴욕타임스, 포린어페어스, 이코노미스트, 라이프 등 미국과 영국의 유력 언론들이 잇달아 나이키 하청공장의 열악한 노동환경을 비판적으로 보도했다. 이에 대한 나이키의 대응은 어떠했

---

46) 인도네시아에서 4년여를 보낸 노동운동가 제프리 밸린저(Jeffrey Ballinger)가 쓴 기사에 따르면 사디사는 1.03달러 정도의 일당을 받았는데, 시간당 14센트에도 미치지 못하는 임금이었다. http://archive.harpers.org/1992/08/pdf/HarpersMagazine-1992-08-0000971.pdf을 통해 자세한 내용을 참고하면 된다.

을까?

미국 하버드대학교의 헨더슨 교수의 저서에 따르면 나이키의 아시아 담당 부사장이었던 닐 로리젠(Neal Lauridsen)이 이렇게 말했다고 한다.

> "우리는 제품 생산에 대해서는 아무것도 모릅니다. 우리는 단지 단지 마케터이자, 디자이너일 뿐입니다."

또한 나이키의 자카르타 본부장인 존 우드먼(John Woodman)의 주장은 이러했다.

> "그들은 하도급 업체이며, '노동규칙 위반 혐의' 조사는 우리들이 관여할 부분은 아니다. 우리들은 여기에서 몇 천명이나 되는 수많은 사람들에게 일자리를 제공해 주었다."

아마 법률상으로 나이키는 공급망의 하청 노동환경에 책임질 의무는 없었을지도 모른다. 그러나, 소비자의 인기를 등에 업은 오만한 회사의 태도에 소비자들 사이에서는 비판적인 목소리가 강해지기 시작했으며, 압도적인 인기와 수요에도 불구하고 서서히 어둠의 그림자가 저변에 깔리기 시작했다. 무엇보다 큰 타격이었던 것은 나이키를 착취와 아동노동 등과 관련 짓는 보도가 급증해졌다는 사실이다.

국제사회의 요구는 다름 아닌 합법성의 유무가 아니라, 그들이 행할 수 있는 업무처리 모범규준(best practice) 여부였다. 저임금 하청을 최대한 악용해 이익을 얻은 사업은 주주를 위해서는 좋을지 몰라도 시민사회로부터는 존경받을 수 없다. 결과적으로 브랜드 가치는 떨어지고, 수익 저하를 초래함에 따라 주주를 위한 경영책임마저 위험해진 것이다.

나이키 공동 창업자인 필 나이트(Phil Knight)가 사태의 심각성을 인식한 것은 1998년 5월이었다. 이에 나이키는 제3자 기관을 통해 공급망 전체의 실태를 조사 및 모니터링하게 되었다. 지금은 '나이키라고 하면' NGO 등의 지속가능경영 측면에서 우수기업으로 상위에 이름을 올리는 단골기업이 되었다.[47)]

나이키의 변신은 '좋은 글로벌 기업'이란 하청 및 협력회사를 포함한 공급망 전체에 대해 책임져야 한다는 규범을 세운 계기가 되었다. 2000년대에 대두한 SRI(사회적책임투자) 투자자들은 이러한 움직임을 지지하였고, 이러한 생각들은 지금의 ESG 투자자들에게도 계승되었다.

47) 나이키의 공급망 개선에 대한 보다 자세한 내용은 「자본주의 대전환」(출판사: 어크로스)의 74페이지를 참고하면 된다.

2) 책임 있는 공급망의 궁극적인 도달점

이처럼 시장의 힘에 억눌려 '책임 있는 공급망 관리'에 대한 사고방식은 다른 기업에게도 급속히 퍼져 나갔다. 그중 애플(Apple) 기업을 예로 들어보자. 2020년 7월 경 "2030년까지 공급망 전체의 이산화탄소 배출을 탄소중립(Net Zero)인 '0'으로 한다"는 발표는 온 세상의 ESG 투자자들을 놀라게 했다.

마침 미국 IT기업의 경영책임자들이 출석하는 미 의회의 공청회에 시장의 관심이 쏠리고 있던 시기였기 때문에 애플의 탈탄소 선언에 주목하는 사람들은 적지 않았지만, 필자가 평소 이야기하던 유럽 투자자나 환경단체들은 '획기적인 일'이라 흥분하는 기색이 역력했다. 어떻게 된 일일까?

기업의 탈탄소 대처는 3단계(scope)로 나누어 생각하는 것이 일반적이다.

'Scope 1'은 자사의 생산활동에 수반해 배출되는 이산화탄소를 억제하거나 탄소중립(Net Zero)으로 하는 단계이다.

'Scope 2'는 생산활동에 수반하는 전력 사용을 통한 간접적인 배출이 그 대상이 된다.

'Scope 3'은 원재료의 매입이나 하청의 조립, 판매 등 자사 이외의 모든 공급망을 포함해 탈탄소를 목표로 한다.

단계가 올라갈수록 보다 어려운 대처가 요구되기 때문에 Scope 3에 해당되는 탄소중립을 선언한 것은 대기업으로서는 애플이 처음이었다고 생각된다.

애플은 이미 자사의 소비 전력 대부분을 재생에너지로 조달하고 있으며, 공급업체에 대해서도 같은 대처를 촉구하였다. 에너지 절약을 위한 지원 투자나 전자부품의 재활용 강화, 탈탄소 알루미늄 정련 공법의 개발 지지, 나아가 삼림보호 등 자사가 행할 수 있는 것은 모두 최선을 다하겠다는 자세를 강하게 밝혔다.

이 발표 후 애플은 ESG 투자자들에게 많은 투자와 지지를 받아 시가 총액 세계 1위의 자리에 복귀할 수 있었다. 공급망 전체를 책임지려는 기업의 자세가 주주들의 이익에도 부합한다는 것을 나타낸 단적인 사례라고 말할 수 있다.

3) 다른 기업들의 움직임을 자극

이러한 애플의 사례는 다른 회사들을 크게 자극하였다. 2020년 11월, 미국 화장품 대기업인 에스티로더는 자사 내부적으로 온난화가스 배출의 탄소중립을 달성했다. 이는 재생가능에너지 프로젝트에 투자하거나 태양광 발전장치를 건설했기 때문이다.

더욱이 삭감 목표를 공급망 전체로 확대하였다. 2030년까지 Scope 1과 Scope 2의 온난화가스 배출량을 2018년에 비해 50%까지 줄인다고 한다. Scope 3에 있어서도 원재료 매입이나 운송, 업무

출장 등의 분야에 2030년까지 60%의 삭감을 목표로 한다고 한다.

일본 기업의 사례도 소개하고자 한다. 화학 관련 대기업인 카오(Kao)의 '지속가능한 팜유'라는 영역을 주목할 필요가 있다. 팜유는 가공식품과 바이오 디젤연료, 세제원료 등으로 사용되는 세계적으로 가장 많이 소비되는 식물유인데, 인도네시아나 말레이시아 등에서 생산되는 기름야자의 과실에서 채취된다.

하지만 안타깝게도 농장개발을 위한 산림훼손과 농장에서 일하는 노동자들의 노동환경 등이 커다란 사회문제가 되고 있다. 즉, 팜유는 ESG의 E(환경)와 S(사회)의 두 가지 문제를 안고 있는 것이다.

이러한 팜유의 조달에 있어서 카오는 유지제품 제조 및 판매를 담당하는 아피칼 그룹(Apical Group), 플랜테이션 회사인 아시안 아그리(Asian Agri)와 공동으로 인도네시아의 소규모 농장의 생산성 향상에 임할 방침을 발표했다.

구체적으로는 2020년부터 2030년에 걸쳐 소규모 팜 농장의 농장관리를 위한 기술지도를 실시하는 한편, 안전한 작업방법 교육을 실시하고 안전모나 장갑과 같은 안전대책 기구들을 지급해 나갈 방침이다. 실제적으로 제품 생산은 카오가 아닌 공급망의 협력사들이 담당하지만, 원자재를 매입하는 대기업들은 모든 생산공정의 생산현장 책임으로부터 자유로울 수 없는 시대가 되었다.

거듭 말하자면 법적인 책임이 있느냐 없느냐가 아니라, 글로벌 기업으로서 최선의 대처인 업무처리 모범규준을 준수하고 있는지를

ESG 투자자들은 묻고 있는 것이다. 책임 있는 공급망 관리는 기업 활동의 세계화가 만들어낸 기업 산물인 것이다.

6. 액슨모빌(ExxonMobil)과 BP(The British Petroleum Company)

1) 곤경의 상징 – 다우존스 종목에서의 탈락

ESG 투자의 가장 중심적인 테마는 지구 온난화이며, 많은 기업들이 온난화가스의 배출 억제를 위해 노력하는 사례들은 너무나 많다. 온난화가스의 가장 큰 주범인 석유산업에 있어서 이러한 움직임이 많은 현재는 너무나 곤욕스러운 시련의 시기이다.

거대한 연기금들이 투자 철회를 함에 따라 주가는 침체되고 있으며, 대체에너지 등을 개발하는 벤처기업들에 ESG 자금이 몰리고 있어 금융시장 곳곳에서 시가총액이 시시각각으로 역전되고 있음을 볼 수 있다. 이러한 상황에서 세계적인 석유회사들은 살아남을 수 있을까?

ESG 시대에 있어서 석유회사의 수난으로 상징되는 글로벌 기업으로 미국의 엑슨모빌(ExxonMobil)을 예로 들 수 있다. 한때는 시가총액 세계 제1의 기업이었지만, 2020년 6월 말 전기자동차 제조업체인 테슬라에 밀려 버리고 말았다. 게다가 같은 해 10월 풍력 및 태양 발전 최대기업인 넥스테라 에너지(NextEra Energy)에도 추월 당하고 말았다.

엑슨모빌은 다우존스 공업주의 대표 종목으로서 처음 시장에 등장한 해가 1928년으로 역사가 오래된 기업이다. 그러나 2020년 8월 다우존스의 종목 교체로 인해 오랜 전통을 빛낸 자리도 잃게 되었다. 사실상 엑슨모빌을 대신하여 다우존스에 편입된 기업은 클라우드 고객 관리를 주력으로 하는 세일즈포스닷컴(salesforce.com)이었다.

석유시대라 불렸던 20세기를 대표하는 거대기업에서 '21세기의 석유'라 불리는 데이터를 취급하는 기업으로의 종목 교체는 산업구조의 전환을 선명하게 보여준다. 또한, 거대한 제조설비가 필요없는 IT기업은 온난화가스의 배출량으로부터 상대적으로 자유롭기 때문에 환경문제를 중시하는 투자자들의 자금 유입이 쉽다. 미국 주식시장에서 왕년의 주역 기업들이 다우존스에서 종목이 퇴출되는 상황은 ESG 시대의 한 단면을 보여준다고 할 수 있다.

그럼, 다른 석유기업들은 어떨까? 탈탄소의 흐름 속에서 수요가 부진한데다, ESG 투자자들의 시선도 곱지만은 않다. 시장의 압박감을 극복하기 위한 대처 사례를 살펴보도록 하자.

2) ESG 자본이 재촉한 변화

가장 적극적인 움직임을 보이는 것이 영국의 BP(The British Petroleum Company plc)이다. 동사는 2050년까지 온난화가스 배출량을 제로로 하는 탄소중립 선언을 했다. 2030년까지 사업 내용을 재검토하여 석유와 가스 생산량을 40% 삭감한다는 목표도 내걸고 있다. 또한, 현재 산유국이 아닌 국가의 석유 및 가스 채굴을 금지함으로써 석유 및 가스 생산량을 2019년 하루 260만 배럴에서 150만 배럴로 감소시킬 계획이다.

그린에너지 개발에도 적극적인데, 덴마크의 해상풍력 대기업인 오스테드(Ørsted A/S)와 제휴해 독일에서 그린 수소 생산공장을 공동 건설하는 계획을 검토하고 있다. 2024년까지 가동을 공시할 예정이라고 한다.

잠시 수소가 어떻게 분류되고 있는가에 대해 알아보도록 하자. '수소는 색으로 분류된다'는 얘기가 있다. 수소 기술 개발에 힘을 쏟고 있는 독일에서 자주 사용되는 표현이라고 한다. 구체적으로는 다음과 같다.

- 그린: 재생가능 에너지에서 유래하는 전력으로 물의 전기분해를 통해 생성되는 수소
- 블루: 이산화탄소(CO_2) 회수 및 저장 프로세스에서 생성되는 수소. CO_2 회수 과정에서 발생하기 때문에 CO_2 배출은 없음
- 청록색: 메탄의 열분해에 의해 생성되는 수소. 열분해 장치가 재생에너지로 운전되는 경우는 CO_2 배출과는 무관함
- 회색: 화석 연료를 원료로 하며, 생성 과정에서 대량의 CO_2가

배출되는 수소

독일은 수소 사회로의 전환을 애프터 코로나의 성장전략의 핵심 중 하나로 파악하고 있으며, 국가 수소 전략 중에서도 장기적으로 지속가능한 에너지는 그린 에너지뿐이라고 기술하고 있다. BP 계획에서는 전기분해 장치 전력은 오스테드사의 해상 풍력발전소의 재생에너지로 조달할 예정이므로 거기서 생성되는 수소도 독일 기준을 만족시킨 그린 에너지라는 말이 된다.

> "탈탄소가 진행되는 세계의 에너지 수요를 충족시키는 데 있어서 수소는 점점 더 큰 역할을 하게 된다. 우리는 미래의 유망 산업을 선도하는 존재가 되고 싶다."

BP의 가스 및 저탄소 담당 부사장인 데브 사냘은 계획 발표문에서 이렇게 말했다. 세계를 대표하는 석유회사들의 '탈석유 선언'으로도 들린다. ESG 자금이 촉구한 기업 변신으로서는 가장 대담한 것 중의 하나가 아닐까 생각된다.

BP는 원래 British Petroleum이라는 회사명으로, 미국 기업과의 합병으로 'BP Amoco'가 되어 2001년에 사명이 'BP'로 바뀌었다. 새로운 기업명에는 '영국의 석유회사(British Petroleum)'가 아니라 '석유를 넘어서(Beyond Petroleum)'의 의미가 담겨 있다고 전한다.

독일의 그린 수소 사업에 동참하는 덴마크의 '오스테드'도 원래 회사명은 'DONG(Danish Oil and Natural Gas)'으로 유럽 유수의 석탄 화력 발전사였다. 환경 의식이 높아짐에 따라 2017년에 석유·가스 생산사업을 매각, 19세기 덴마크의 저명한 물리학자의 이름을 빌려 회사명을 변경했으며, 2023년까지 완전히 석탄 사용을 중단하겠다고 선언했다.

이러한 움직임을 통해 오스테드가 ESG 투자자들로부터 인기를 끌고 있는 것은 두말할 필요도 없다. 주식의 시가총액에서 일본 전력 대기업 10개사를 웃돈 적도 있다. 2019년에 일본에도 진출해서 도쿄전력홀딩스와 공동출자 회사를 설립, 아시아 태평양 지역에서의 해상 풍력발전사업에도 진출을 계획하고 있다.

미국의 엑슨모빌은 정치와 밀접한 관계를 구축하고 있는 기업으로 유명하다. 고액의 자금을 사용하여 정치가들에게 합법적인 경로의 로비를 행함으로써 환경규제가 너무 엄격해지지 않도록 요구해 왔다.

이 회사의 CEO였던 렉스 틸러슨(Rex Tillerson)은 트럼프 행정부의 국무장관을 한때 역임하는 등 워싱턴 정계와의 두터운 유대관계를 가지고 있었다. 이러한 강한 정치력이 탈탄소 시대의 변화를 가로막고 있는 것이다. 정치권에 비호를 요구해 온 기업과 변혁의 길을 걷고자 하는 기업들 사이에서 'ESG머니'가 어느 쪽을 선택할지는 매우 분명하다.

제 4 장

변화하는 인프라

Environment

Social

Governance

[한번에 이해하기]

1. 선도자는 나스닥(NASDAQ)
2. 다시 시작되는 회계외교
3. 금융시스템도 결국 Green
4. 21세기의 금융센터
5. Green에 베팅하는 영국

한번에 이해하기

본서의 목적은 ESG를 알기 쉽게 해설함과 동시에 이것이 글로벌 자본시장의 에코 시스템을 어떻게 변화시키고 있는지를 알아보기 위함이다. 이를 위해 제2장에서는 투자자 동향, 제3장에서는 기업의 변화를 살펴보았다.

본 장에서는 시장이 원활하게 기능하는 데 필수적인 인프라를 제공하는 다양한 주체들을 조명하고자 한다. 과열 기미를 보이는 ESG 투자가 한순간의 유행으로 끝나지 않도록 하기 위해서라도 탄탄한 인프라 구축은 필수적이다. 여기에서는 인프라 제공자인 증권거래소나 회계기준의 설정 주체, 금융감독자 등을 중심으로 알아보도록 하겠다.

IT 기업들이 많이 상장되어 있는 미국 나스닥은 여성이나 소수자들을 회사 임원이나 이사로 적극 참가할 수 있도록 관련 기업들을 독려하고 있다. 이사회의 다양성을 요구하는 투자자들의 목소리가 높기 때문에 그들은 '다양성'이 기업 경쟁력의 원천이라 굳게 믿고 있다.

증권거래소가 단순히 주식거래 장소만을 제공하는 존재가 아니라, 매매 대상이 되는 기업경영이나 정보공개에도 어느 정도 관여하기 시작했다고 볼 수 있다. 증권거래소가 상장기업에 어디까지 관여할 수 있는지에 대해서는 논의가 엇갈리지만, 자신들이 운영하는 주식거래 시장에 상장하고 있는 투자상품으로서, 그리고 기업의 품질을 향상시킬 수 있다고 하는 의미에서는 어느 정도의 관여는 허용될지도 모른다.

나스닥은 유엔 관련 단체의 주도로 2009년 설립된 지속가능한 증권거래소 이니셔티브(Sustainable Stock Exchanges Initiative: SSEI)[48]' 창립 멤버 중의 하나이며, 처음부터 기업의 ESG 과제에 관심을 가지고 있었다. 나스닥의 방침은 향후 ESG 정보공개에 열심인 아시아 신흥국의 증권거래소로 확산될 가능성도 있다.

2021년 글로벌 자본시장에서 가장 주목해야 할 점 중의 하나는 ESG 관련 정보공개 기준 제정이다. 이미 미국의 지속가능회계기준위원회(Sustainability Accounting Standards Board: SASB), 영국의 국제통합보고위원회(International Integrated Reporting Council: IIRC)는 기업경영이나 사회문제에 대한 대응과 관련된 정보공개 기준을 만들어 왔다. 더욱이 국제회계기준(IFRS: International Financial Reporting Standards) 구축을 진행한 IFRS 재단도 ESG 대응과 관련된 새로운 조직 설립을 표명하였다.

이처럼 난립하고 있는 ESG 정보공개가 시급히 수렴되지 않으면 투자자와 기업들은 혼란에 빠질 뿐이기 때문에 회계 인프라의 정비가 시급하다고 판단된다. 일본 시장 관계자는 이러한 회계 인프라에 자국의 의견을 제대로 반영하도록 노력해야 한다.

환경문제는 금융 시스템에도 영향을 미친다. 금융청은 기후변화 문

48) 각국의 증권거래소가 상장법인의 ESG에 대한 관심을 제고하여 기업의 경영성과를 높이고 지속가능투자 기회를 확대하기 위해 UN에서 시작한 이니셔티브다. 2009년 반기문 UN 사무총장 주도로 발족되었으며, UNCTAD(유엔무역개발회의), UNGC, UNEP FI, UN PRI가 공동 파트너십을 맺고 있다. 한국거래소는 2015년 20번째로 가입했다.

제가 경영에 미칠 영향에 대해 은행들에게 관련 분석을 촉구하고 있다. 유럽에서는 환경 목표의 달성에 따라 금리가 변동되는 채권을 금융 조절기능으로서 매입 대상에 추가했다. 이와 함께 양적 완화(QE: Quantitative Easing)의 일환으로 그린채권(green bond)[49)]을 매입하는 '그린QE'라는 개념도 주목을 받고 있다.

일본에서는 도쿄를 국제적인 금융센터로 구축하려는 움직임도 일고 있으며, 이러한 흐름 속에 국제금융센터의 최대 상품으로 ESG가 부각되고 있다. 싱가포르 금융당국은 세계자연기금(WWF: World Wide Fund for Nature)과 협력하여 원래부터 강력했던 핀테크와 조합하여 금융시장으로서의 경쟁력을 높이려 하고 있다.

1. 선도자는 나스닥(NASDAQ)

1) 증권거래소의 세 가지 기능

전통적으로 증권거래소는 주로 세 가지 측면에서 시장 인프라 역할을 담당해 왔다.

---

49) 신재생에너지 등 친환경 프로젝트나 사회기반시설에 투자할 자금을 마련하기 위해 발행하는 채권이다. 친환경 관련 사업 등에만 사용할 수 있어 녹색산업을 분류하는 택소노미(Taxonomy: 녹색분류체계)의 역할이 중요한 분야다.

첫 번째, 투자자에게 안전하고 신속한 거래기회를 제공함으로써 주가라는 기업의 시장가치를 매기는 이른바 '가격발견 기능'이다.

두 번째, 거래를 통해 형성된 가격을 시장참여자에게 널리 알리는 '정보전달 기능'이다.

세 번째, 공정거래 여부를 주시하고, 필요한 규칙을 만드는 '규제감독 기능'이다. 신규 상장기준을 만들거나 필요한 정보공개의 요건을 마련함으로써 투자시장의 품질을 높게 유지하는 역할도 한다.

증권거래소와 관련하여 우리들이 주로 매체에서 접하게 되는 것은 첫 번째와 두 번째 기능과 관련된 것들일 것이다. 2020년 도쿄증권거래소의 시스템이 다운되어 하루 종일 거래가 중지된 적이 있었으며, 이 일로 최고경영자는 책임을 지고 사임했다. 인프라로서 증권거래소가 담당하고 있는 공적 역할의 무게를 고려하면 어쩔 수 없었다는 견해도 있었다.

실은 ESG와 관련하여 주목할 것은 '세 번째 기능'이다. 전통적인 증권거래소는 주로 시장에서 불법적인 금융거래가 이루어지고 있지 않은지를 감시하는 것이 주된 업무였다. 현재는 한 걸음 더 나아가 시장에서 모범적인 경영활동이 이루어질 수 있도록 '무언의 압력'을 가하는 역할도 수행하고 있다.

2) 주요 직책에 여성과 소수자 등용 촉구

나스닥은 2020년 12월 상장기업들에게 여성이나 소수자(minority)

를 이사로 등용하도록 재촉할 방침을 분명히 했다. 구체적으로 최저 1명의 여성과 최저 1명의 흑인 등 인종 소수자 혹은 'LGBT+'라고 불리는 성적 소수자를 이사로 임명, 이들의 정보를 공시하도록 의무화한 것이다. 여성과 소수자 이사가 재직하지 않는 기업은 최악의 경우 나스닥 시장의 상장을 유지하지 못할 수도 있다고 한다.

나스닥은 법률에 근거한 그 이상의 의무를 부과함으로써 여성 등용과 다양성 촉진이라는 방향으로 기업을 유도하려는 것이다. 뉴욕타임스와의 인터뷰에서 나스닥의 최고경영자인 아데나 프리드먼(Adena Friedman)도 '이례적인 일'이라 언급할 정도였다.

증권거래소가 기업 경영에 어디까지 관여할 수 있는지에 대해서는 다양한 의견들이 존재한다. 프리드먼은 "원래 미국증권거래위원회(SEC)가 이러한 규정을 만들었어야 한다"는 언급을 하기도 했다. 월스트리트저널 또한 나스닥의 이러한 대처에 비판적인 논조를 보이기도 했다. 그러나 ESG 투자가 존재감을 높이는 '머니의 세계'에서 다양성의 향상이 시장의 질을 유지하고 향상시키는 데 빼놓을 수 없는 요소임은 확실한 것 같다.

나스닥은 투자자들을 위한 ESG 관련 데이터를 제공하는 'Nasdaq ESG Footprint[50)]'라는 서비스를 운영하고 있다. 전 세계에 걸쳐 미디어나 환경 및 인권단체, 연구기관들로부터 온난화가스 배출량이

---

50) https://www.nasdaq.com/solutions/esg-footprint

나 재생가능 에너지 이용률, 아동 노동에의 관여, 임원이나 이사들의 다양성 등과 관련된 정보를 수집하여 투자자에게 제공하고 있다.

이외에도 나스닥은 그린채권시장의 투명성을 높이는 글로벌 플랫폼인 'Nasdaq Sustainability Bond Network'와 상장기업들이 지속가능보고서를 쉽게 발행할 수 있도록 지원하기 위한 플랫폼인 'Nasdaq OneReport[51)]' 등도 운영을 시작했다.

3) 증권거래소가 ESG에 적극적인 이유

나스닥이 ESG를 열심히 추진하는 배경에는 뉴욕증권거래소(NYSE)와의 시장경쟁 때문이다. NYSE에는 상대적으로 보수적인 사고를 가진 중화학 관련 대기업들이 많고, 나스닥은 선진적인 IT기업 시장이라는 이미지가 강하다. ESG라는 새로운 투자 조류도 선진성을 장점으로 하는 나스닥 쪽이 더 받아들이기 쉬웠던 것이다.

미국도 마찬가지로 창업의 세계는 남성 우위인데, 실리콘밸리의 기업들 속에서 여성들이 활약할 수 있는 장소를 얻는다는 것은 그리 간단한 일이 아니다. 성희롱 문제도 가끔 표면화되기도 한다. 나스닥의 ESG 도입은 '실리콘밸리적(的)'인 문제를 해결할 필요성도 대두된 전략일 것이다.

나스닥만큼은 아니더라도 뉴욕증권거래소가 ESG 보급의 선봉장

---

51) https://www.nasdaq.com/solutions/sustainability-reporting

역할을 하는 것은 그리 드문 일이 아니다. 지속가능한 증권거래소 이니셔티브(SSEI)라는 조직이 있다. 이는 유엔의 책임투자원칙 사무국, 유엔무역개발회의(UNCTAD), 유엔글로벌콤팩트(UNGC), 유엔환경계획 금융 이니셔티브(UNEP FI)의 주도로 2009년에 설립된 세계적인 증권거래소 연합체로서 설립목적은 ESG 투자 보급이다.

이 부분에서 1장의 내용을 다시금 되새겨 보길 원한다. ESG의 너울은 유엔이 주도하는 형태로 시작, 직접적인 기점은 2006년에 UNEP FI와 UNGC가 발표한 책임투자원칙이었다. 이에 앞서 UNEP FI는 자산운용워킹그룹(AMWG)을 설치해 전 세계 자산운용사들의 의견을 수렴했다.

ESG는 애초부터 투자를 위해 만들어진 개념인데, 그 보급을 도울 수 있는 곳이 바로 기업과 투자자에게 영향력을 행사할 수 있는 증권거래소였다는 점이다. 2006년 PRI 제정과 2009년의 SSEI 설립은 유엔이 ESG를 추진하기 위한 '차의 양륜'이었다.

창설 당시의 파트너는 브라질, 터키, 남아프리카공화국, 이집트, 그리고 미국의 나스닥 등 5개 거래소였으며, 유일한 선진국 멤버였던 나스닥이 ESG 여명기의 조직 운영을 주도하였다. 임원이나 이사 임용에 있어서 다양성을 상장 요건에 포함시키겠다는 대담한 행동에 나선 나스닥은 예전부터 세계 자본시장의 ESG 리더였던 것이다.

현재 SSEI에는 전 세계 100여 개의 증권거래소가 가입해 있다. 시가 총액은 88조 달러, 상장기업 수는 5만 3,000사에 이른다. 이

것이 ESG 투자가 뿌리를 내리고 자라기 위한 토양의 크기이기도 하다. 도쿄증권거래소를 산하에 둔 일본거래소그룹(JPX)도 물론 가맹되어 있다.

4) 도입에 적극적인 아시아 지역의 증권거래소

SSEI는 강제력을 수반하는 멤버십은 아니지만 각 증권거래소는 자국에서의 ESG 투자를 촉진할 의무를 가지고 있다. 가장 활동에 적극적인 곳은 아시아 신흥국의 거래소이다. 국가가 발전하고 시장 메커니즘을 통해 경제를 성숙시켜 나가기 위해서는 세계 연기금과 거대 기관투자자가 움직이는 ESG 머니를 끌어들이는 것이 필요하다고 판단했기 때문이다.

예를 들면, SSEI 멤버 중에서 ESG와 관련된 정보공개를 상장요건으로 둔 증권거래소는 24개로서 이 중 10개 시장이 아시아의 증권거래소이다. 구체적으로 홍콩, 인도(2개), 인도네시아, 말레이시아, 필리핀, 싱가폴, 타이, 베트남(2개)이다.

동남아국가연합 주요국들이 여기에 동참한 이유는 1997년부터 1998년에 걸쳐 아시아 외환위기로 경제가 큰 타격을 받아 장기 투자기금을 끌어들이는 데 따른 중요성을 잘 알고 있기 때문이다.

또한, 이들 국가는 무분별한 삼림 벌채에 의한 환경 파괴나 공급망에서의 가혹한 노동 등 ESG 투자자들이 비판하는 문제들이 산적해 있기도 하다. 증권거래소가 이러한 문제 해결에 움직이는 자세를 보이는 것은 글로벌 투자자들에게는 좋은 매력 포인트가 된다.

5) 일본의 입지

일본은 다른 아시아 국가들처럼 ESG 정보공개가 상장요건인 것은 아니지만, 상장기업에 부과하는 Corporate Governance Code (CG code)[52]에는 ESG 존중이 강조되어 있다. 이 코드가 도입된 것은 2015년이며, 그 후 개정되었지만 ESG는 도입 당초부터 언급되어 왔다.

> "상장회사에는 주주 이외에도 중요한 이해관계자들이 많이 존재한다. 이들 이해관계자에는 직원을 비롯한 사내 관계자와 고객, 거래처, 채권자 등의 사외 관계자, 나아가 지역사회와 같이 회사의 존속과 활동의 기반이 되는 주체가 포함된다. 상장회사는 스스로의 지속적인 성장과 중장기적인 기업가치 창출을 달성하기 위해서 이러한 이해관계자와의 적절한 협동이 불가결하다는 것을 충분히 인식해야 한다. 또한, 최근의 글로벌한 사회 및 환경문제 등에 관한 높은 관심을 고려해 보면 이른바 ESG 문제에 대한 적극적이며 능동적인 대응 또한 기업의 지속적 성장 및 가치 창출에 불가결한 요소라고도 볼 수 있다."
>
> – Corporate Governance Code 【기본원칙 2】 사고방식

52) https://www.jpx.co.jp/english/equities/listing/cg

2015년은 일본의 연금적립금 관리운용 독립행정법인(GPIF)이 PRI에 서명했고, 국제적으로는 파리협정이 체결되는 등 ESG의 빅뱅이라고도 할 수 있는 해였다. 이러한 물결 속에서 도쿄증권거래소도 적극적으로 움직이고 있었다.

다시 읽어보면, 일본 기업의 이해관계자주의(stakeholderism)에 대한 집착의 강도를 실감할 수 있다. ESG 또한 일본적 경영사상에 적합하기 쉬울 것이다. 따라서 이론과 실천을 통해 전 세계에 일본 시장의 매력을 더욱 알리지 않으면 안 된다. 이 점에 대해서는 다음에 상세히 다루도록 하겠다.

2. 다시 시작되는 회계외교

1) ESG 정보공개의 통일규격 구축

ESG 머니가 환경과 사회문제를 고려하고, 지배구조도 제대로 실행하고 있는 기업들에게 유입되게 하기 위해서는 ESG와 관련된 경영정보가 정확하게 공개되어야 한다. 3장에서 설명한 통합보고서는 정보공개의 중요한 도구이지만, 거기에 어떤 개별 정보를 어떻게 공개해야 하는지에 대해서는 통일된 규정이 아직 없다.

ESG 정보를 공개하기 위한 통일된 규격을 어떻게 구축해 갈 것인지에 대한 과제를 해결하지 않는 한 ESG 투자는 오래가지 못할 것이다.

환경문제를 중시하는 바이든 신임 대통령 정권 하에 미국을 중심으로 ESG 투자의 흐름은 더욱더 가속화될 것으로 보인다. 트럼프 전 대통령은 이산화탄소를 많이 배출하는 화석연료 업계와 깊은 연관관계를 가지고 있었기 때문에 환경문제를 엄격하게 묻는 ESG 투자에 부정적이었다.

이와 대조적으로 바이든의 대통령 선거 승리가 확정된 후, ESG 운용을 촉구하는 유엔 책임투자원칙의 최고책임자를 맡고 있는 피오나 레이놀즈는 직접 대통령 당선 축하 메시지를 보낼 정도였다.

환경 및 사회문제에 관한 공개기준 제정은 미국의 지속가능성 회계기준위원회(SASB), 영국의 국제통합보고위원회(IIRC), 네덜란드의 글로벌 리포팅 이니셔티브(GRI) 등 민간 5 단체가 별도로 진행해 왔다. 환경문제에 국한시킨다면 공적조직인 금융안정위원회(FSB)가 진행하는 기후관련 재무정보공개 태스크포스(TCFD)도 있다.

한편, SASB가 투자자를 의식한 중요과제(materiality)를 중시한 반면,[53] GRI는 소비자나 노동자를 위한 공개 항목이 많다는 차이가 있다(〈표 4-1〉).

문제는 다양한 알파벳을 조합한 여러 단체들이 각각의 규정을 만드는 모습에 투자자와 기업들은 당황해 한다는 점이다. 이러한 난

53) SASB가 중요과제를 중시할 수밖에 없었던 근본적인 이유에 대해서는 리베카 헨더슨의 「자본주의 대전환」(국내 번역본) 192~194페이지를 읽으면 도움이 된다.

표 4-1 SASB 중요과제 지도(materiality map) 사례

		소비재	금융	인프라
환경	에너지 관리	○		○
	상수도 및 하수도	○		○
사회관계자본	데이터 보안	○	○	
	판매관행, 제품표시		●	
인적자본	직원의 안전 위생			●
	직원의 참여 계획	○	○	
비즈니스모델	공급망	●		
	기후변화 영향		○	○
거버넌스	사업 윤리		●	○
	시스템적 리스크 관리		●	○

[注] ●=섹터 내에서, 해당 과제가 중요한 산업이 50% 이상
○=섹터 내에서, 해당 과제가 중요한 산업이 50% 이하
표시없음=섹터 내에서, 중요한 과제가 아님
출처: '미쯔비시 UFJ리서치&컨설팅'의 자료를 참고로 요약

립 상태를 '알파벳 수프' 문제라고 한다. 자세한 것은 다음 장에서 해설하도록 하겠다.

2) 기준 통합 움직임

다행히 바이든 후보의 대선 승리를 전후로 하여 기준 통합 움직임이 나타나고 있다. SASB 등 5개 단체는 2020년 9월에 '포괄적인

사업 보고의 실현'을 위해 제휴한다고 발표했다.[54] 또한 같은 달에 국제회계기준(IFRS)을 만드는 국제회계기준심의회(IASB)의 모체인 IFRS 재단이 통일적인 ESG 기준 제정을 담당할 신규조직 설립의 제안을 발표했다. 12월 말까지 전 세계의 회계 및 시장 관계자들로부터 의견을 모으고 있었다.

관계자들은 재빨리 반응했다. 국제증권관리위원회(IOSCO)는 SASB 등의 5개 단체와 IFRS 재단의 움직임을 지지하며 기준 제정에 협력한다고 표명했다. 세계 최대 자산운용사인 블랙록(BlackRock) 또한 IFRS 재단의 제안이 가장 현실적이라고 성명을 발표했다.

일본과 미국 그리고 유럽의 금융 관계자들의 견해를 종합해 보면, 영국에서 제26회 UN Climate Change Conference of the Parties(COP26)의 개최가 예정된 2021년 11월이 가장 큰 고비로 인식되고 있는 것 같다. 그 때까지 IFRS 재단이 신규조직 설립을 정식으로 결정하여 SASB 등 5개 단체나 TCFD와 제휴하는 줄거리가 가장 유력하다. 신규조직에서 기준 제정을 논의하는 이사회 구성원의 인선도 병행해 나갈 것으로 보인다.

3) 일본식 규칙 적용은 가능한가

문제는 새로운 조직의 이사회에 일본 대표를 보낼 수 있을지 여

---

54) http://www.impacton.net/news/articleView.html?idxno=543

부이다. 이사회 구성원에 속하지 못한다면 유용한 정보를 파악할 수 없기 때문이다. 게다가 잘못하면 일본의 환경 및 사회 친화적인 비즈니스가 국제적으로 인정받지 못하는 사태를 발생시킬 수도 있게 된다. ESG 머니를 끌어들이기도 어려워져 금융시장 활성화를 서두르는 일본의 국익에 비춰볼 때 큰 문제가 될 수도 있다.

2001년의 국제회계기준위원회(International Accounting Standards Board: IASB)[55] 출범 당시에도 일본 대표의 이사 임명 경쟁은 치열하였다. IFRS 재단 등에 국제적으로 저명한 정치가나 정/재계 인사 등을 동원해 로비하는 모습에서 볼 때 '국제회계기준전쟁'이나 '회계외교'라고도 불렸다(〈표 4-2〉).

2001년 일본은 중국이나 한국과의 경쟁에서 이겨 IASB 이사회의 아시아 지역을 차지할 수 있었다. 그 덕분에 2000년대 회계 개혁이 탄력을 받을 수 있게 되었다.

이번에도 경쟁 상대는 한국과 중국이다. 특히 중국은 전기자동차에 대한 대응에서 한발 앞서 가는 등 소구할 점이 많아 일본으로서도 긴장을 늦출 수 없다. 중국은 1990년대부터 국가 차원에서 회계 인력 육성을 지원하고 있고, 영어가 가능한 국제회계사의 수는 일본을 훨씬 웃돌고 있다.

---

55) IFRS 표준은 IFRS재단의 독립적인 표준 제정기관인 IASB에서 개발했다. IASB는 2001년 3월 1일 전임기구인 IASC(International Accounting Standards Committee)로부터 회계기준을 설정하는 책임을 맡았다.

표 4-2 국제회계에 관한 주요 사건

연대	주요 사건
1970년대	−1973년 국제회계기준위원회(IASC) 발족
1980~1990년대	−국제증권관리위원회(IOSCO)가 1986년 출범, 1987년부터 국제회계기준위원회(IASC)의 자문위원회에 참여
2000년대	−IOSCO가 국제회계기준의 신뢰성을 인정 −IASC가 국제회계기준위원회(IASB)로 개편 −유럽연합(EU)이 국제회계기준 사용을 의무화 −'도쿄 합의'로 일본과 국제기준의 차이를 없앨 방침
2010년대	−2010년 3월부터 일본에서 국제회계기준 임의 적용 −2012년 도쿄 오피스 개설

출처: 필자 작성

회계 및 재무 관련의 전문지식은 물론 환경이나 인권문제에도 해박한 지식을 가지고 있으며, 영어로 논쟁함에 있어서도 구미인에 결코 지지 않는 높은 역량을 가지고 있다고 알려진다. 금융청 간부나 회계사무소의 주요 인사들과 논의해 보면 이러한 인재들이 필요하다고 얘기들을 한다. 장벽은 높은 것 같지만, 이런 인재들이 없지는 않다. 성별이나 연령에 구애되지 않는 폭 넓은 인선이 국익과도 통한다는 사실을 알아야 한다.

4) ESG를 금융감독에 응용

회계와 함께 ESG를 금융감독에 응용하려는 움직임에도 주의할 필요가 있다. 프랑스에는 NGFS(Network for Greening the Financial

System)라는 조직이 있다. 이는 금융시스템 안정성 차원에서 환경 문제를 협의하기 위해 2017년 12월에 8개 중앙은행 감독기관이 창설한 자발적 논의체이다. 그 후 2년 동안 구성원이 54개로 급격히 늘어난 것을 비춰볼 때 금융당국의 관심이 어느 정도인지 짐작할 수 있을 것이다. 일본 금융청은 2018년 6월, 한국은행과 일본은행은 2019년 11월부터 참가하고 있다.

NGFS는 네덜란드 중앙은행이 의장을 맡고 프랑스 중앙은행에 사무국을 두는 등 유럽 색깔이 두드러지고 있으며, 스위스에 본부를 둔 바젤은행감독위원회(Basel Committee on Banking Supervision: BCBS)[56)]의 멤버이기도 하다.

또한 중국이나 싱가포르, 인도네시아 등 아시아의 중앙은행도 적극적으로 참가하고 있다. 유럽과 아시아의 금융당국의 연결이라는 측면에서도 주목할 필요가 있으며, 신형 코로나의 문제가 없었다면 2020년에 태국 방콕에서 컨퍼런스가 열릴 예정이었음을 참고 바란다.

앞에서 말한 IFRS 재단이나 IASB도 영국을 거점으로 하고 있는

---

56) BCBS는 국제결제은행 산하 위원회로서 감독당국 간 현안을 협의하고 국제적인 감독기준을 제정하는 곳이다. 1974년 6월 독일 Herstatt Bankhaus 파산에 따른 국제 통화 및 금융시장의 불안정 이후, G-10 국가의 중앙은행 총재회의의 결의로 은행감독에 관한 각국간 협력증대를 위해 국제결제은행(BIS) 산하 위원회로 1974년 12월 설립되었다.

만큼 유럽연합(EU)의 영향을 많이 받고 있다고 여겨진다. ESG 정보의 공개기준을 만드는 신규 조직에도 유럽연합은 강력한 파이프라인을 구축할 것이라 생각된다.

5) Green Basel (은행의 자기자본비율)

이상의 복잡한 관계를 조망해 보면 어떤 시나리오가 보일까? 유럽연합이 영향력을 행사하는 ESG의 새로운 조직이 만드는 기준은 결국 NGFS를 통해 바젤은행감독위원회를 통한 '은행 감독으로 추진될 것이다'라는 스토리이다. 자기자본비율 규제에 적용되는 것이라면 은행 경영에 미치는 영향은 막대하다. 1장에서 소개한 UNEP FI 특별고문인 스에요시 타케지로의 '경제 교실' 기고문을 상기해 보자.

> "(UNEP FI와 케임브리지대학은) 2015년 9월, 국제적으로 업무를 전개하는 대형은행을 관리·감독하는 규제인 'Basel 3'의 재검토를 제언했다. Basel 3는 기후변화를 고려하지 않고 있다."

기후변화에 따른 혼란에 대비하여 자기자본비율을 두텁게 하려는 'Green Basel'이라고도 할 수 있는 자본규제 제언이다. 지금 금융감독 관계자에게 이 물음을 던지면 담당자들은 한결같이 "아직 심도 있는 논의는 하지 않았으며, 중장기 과제"라는 답변이 돌아온다.

2021년에는 중장기 과제 논의가 시작될 수 있을지 모른다. IFRS 재단의 신규조직 구축과 함께 일본의 감독당국의 규제 외교의 수완이 시험대에 올랐다.

본 장에서는 ESG가 투자의 영역을 넘어 금융시스템에도 영향을 미친다는 점을 설명하였다. 2021년은 보다 다양한 분야의 전문가들이 ESG와 관계하게 될 것이라 생각된다.

3. 금융시스템도 결국 Green

1) NGFS의 계산

2020년 12월 3일자 일본경제신문 조간 9면에 이런 기사가 실렸다.

"기후변화 리스크, 은행에 분석을 촉구. 금융청·일본은행, 재난 급증으로 대출처에의 조언도"

금융기관에 기후변화 리스크에의 대응을 촉구하는 정책이 국내에서도 시작된다. 금융청은 3개 메가뱅크에 향후 30년을 내다보는 재무분석과 대책을 요구, 일본은행도 금융기관의 경영에의 영향을 점검한다. 이러한 정책은 유럽이 앞서 시행하고 있으며, 투자 및 융자 판단에서도 중요한 역할을 수행한다. 급증하는 자연재해 대비가 금융기관의 경영 건전성을 좌우하는 요소로 떠올랐다.

유엔재해위험감소사무국(UNDRR)에 따르면 기후변화로 인한 경제

손실은 2017년까지 20년간 2조 2,500억 달러(약 230조엔). 그 전 20년간에 비해 2.5배로 확대됐다. 홍수와 허리케인, 지진, 산불 등으로 기업과 지자체에도 거액의 손실이 발생했다. 금융기관이 투융자를 실행할 때, 손실을 최소한으로 억제하려는 리스크 관리는 필수불가결한 요소가 되었다.

금융청은 우선 3개의 메가뱅크에 대해 기후변화가 은행 재무에 미치는 영향을 조사하도록 촉구하였다. 구체적으로는 NGFS가 작성한 예측 시나리오를 사용해 분석할 예정이다.

2) 기후변화 리스크에 대한 대응

기후변화의 위험은 크게 두 가지로 나눌 수 있다.

하나는 온난화에 의한 해수면의 상승이나 태풍 등 자연재해의 거대화로 인해 기업의 자산이나 개인들이 가지고 있는 부동산 자산의 리스크, 다른 하나는 온난화 원인이 되는 화석연료 규제가 진행됨으로써 기업의 부담이나 사업의 채산성이 악화될 리스크이다. 전자를 '물리적 리스크', 후자를 '이행 리스크'라 부르기도 한다.

이러한 영역에서 이미 앞서가고 있는 유럽의 경우, 금융업계가 기후변화 리스크에 어느 정도 견딜 수 있는지를 측정하는 스트레스 테스트(재무건전성 심사)를 진행하고 있다. 리스크가 나타났을 때 발생할 가능성이 있는 손실의 크기나 자본의 감소 정도 등을 시뮬레이션하는 것이다. 만약, 자본의 급격한 감소가 예상될 것 같으면 증자 등의 수단으로 대비할 필요가 있다.

3) 금융정책이 탈탄소를 뒷받침

유럽의 금융정책도 변화하기 시작했다. 유럽중앙은행(ECB)은 2021년부터 기업의 환경목표 달성 정도에 따라 금리가 변동하는 채권 매입을 조정하여 금융기관에 돈을 공급하는 담보로 받아들이기로 했다. CO_2 배출 삭감 등의 환경 목표를 달성하면 기업의 금리 부담이 줄어들게 되고, 낮으면 금리 부담이 증가하는 구조를 가진 채권이 그 대상이다.

조정 대상이 되면 은행도 이러한 구조를 가진 채권에 적극적으로 투자할 것이며, 기업의 발행도 늘어날 것이다. 금융정책이 기업의 탈탄소 대처를 지지하는 형태를 취한 것이다.

유럽중앙은행의 크리스틴 라가르드(Christine Lagarde) 총재는 양적 완화의 일환으로 조달자금을 그린 에너지 개발 등에 돌리는 그린채권을 매입하는 데도 적극적이다. 그러나 이쯤 되면 환경 대응이라는 특정 분야에 초점을 맞추는 것이 금융정책으로서 적절한지에 대한 찬반 의견이 엇갈리고 있는 것도 이해가 된다. 중앙은행이 특정 산업이나 업종으로의 자금 흐름을 유도하는 결과가 될 수 있어 시장을 통한 자금 배분에 균열이 생길 수도 있기 때문이다.

한편, 환경문제를 이대로 방치하게 되면 금융시스템이 막대한 영향을 입을 것도 거의 확실하다. 그린채권 매입은 중앙은행이 금융시스템 안정이라는 역할을 수행하기 위한 도구라는 주장도 어느 정도 설득력을 가진다. 그린 양적완화(Green QE)라고도 할 수 있는 금융정책의 실현 여부는 2021년 국제금융의 큰 화두가 되고 있다.

4) 그린 스완(Green Swan)에 대한 경계

통상적인 경험으로 예측할 수 없는 위기를 Black Swan이라 하는데, 기후변화가 일으키는 금융위기를 Green Swan[57)]이라 명명하며 경계를 호소하는 이들도 있다. 이러한 명칭을 제일 먼저 사용한 조직은 국제결제은행(BIS)이다. 그린 양적완화 지지론자들은 대체로 Green Swan 시나리오를 염두에 둔 듯하다.

환경문제를 금융시스템의 문제로 인식하여 최초로 그 위험성을 지적한 것은 잉글랜드은행(중앙은행)의 마크 카니(Mark Carney) 전 총재였다. 2015년 9월 그는 강연회에서 "기후변화가 금융 안정에 치명적인 문제를 일으킨 후에 대책을 강구하면 그때는 이미 늦었다"라고 말했고, 이를 들은 금융기관들은 환경문제를 진지하게 고

---

57) Green Swan이란 용어는 국제결제은행(BIS)과 프랑스 중앙은행인 프랑스은행(Banque de France) 전문가가 정리한 'Green Swan: 기후변화 시대에 있어서의 중앙은행의 역할과 금융의 안정(The green swan: Central banking and financial stability in the age of climate change'에서 처음으로 사용되었다.

민하기 시작했다.

마크 카니 전 총재의 이러한 언급에 영국은 과감한 대응에 나섰다. 영국은행인 Royal Bank of Scotland(RBS)는 저탄소화에의 확실한 계획이 없는 에너지 관련 기업에는 원칙적으로 투융자를 단계적으로 중단할 방침을 발표하였다. 이러한 RBS의 방침에 영향을 받아 영국에서는 온난화가스 배출이 많은 기업에 대한 투융자를 재검토하려는 움직임이 잇따랐다.

금융안정위원회(FSB) 의장이기도 한 마크 카니는 기후변화 대응 방안을 마련하는 데 주력했다. 막대한 자금력으로 경제의 탈탄소화를 지지하기 위해서는 투자 자금의 흐름을 좌우하는 정보공개는 반드시 동반되어야 했다. 이러한 문제의식으로부터 생겨난 조직이 기업의 온난화가스 배출 억제전략이나 리스크 관리 등을 공시하는 기후관련 재무정보공개 태스크포스(TCFD)이다.

일본의 기업지배구조 개혁의 일환으로서 도입된 '스튜어드십 코드(stewardship code)[58]'는 이러한 영국의 사례를 참고로 한 것이다. 영국의 최신 스튜어드십 코드에는 기관투자자의 책임으로서 '환경, 사회, 지배구조의 과제, 그리고 기후변화'를 들고 있다. ESG 투자를 촉진할 뿐 아니라 특히, 기후변화를 꺼내 든 것을 보면 그 절박

58) 기관투자자가 투자기업의 의사결정 과정에 참여해 기업의 투명 경영과 주주 이익을 끌어내는 것을 의미하는데, 한국에서는 2016년 12월 처음 도입되었다.

감이 충분히 이해가 된다.

ESG 중에서도 특히, E(환경)는 S(사회)보다 금융시스템에 대한 영향력이 크기 때문에 중앙은행 등이 관련 연구를 활발하게 진행하고 있다. 이 때문에 ESG와 동일한 위치에서 고려한다는 것에는 다소 무리가 있다고 하는 의견도 때때로 듣는다. 그럼에도 불구하고 앞에서 언급된 전반적인 상황이 'ESG라는 단어 자체는 머지않아 사라진다'고 필자가 생각하는 근거이기도 하다.

4. 21세기의 금융센터

1) 꿈이여! 다시 한번

도쿄에 전 세계 은행과 증권회사, 그리고 투자 펀드들을 모아 금융시장을 활성화하려는 국제금융센터 건립의 움직임이 일고 있다. 과거에는 일본에도 세계 제일의 금융센터가 있었다. 1980년대 후반은 일본 주식시장의 시가 총액이 세계 No. 1을 달성하는 등 미국과 유럽의 금융기관들이 앞다투어 진출했던 버블기이다. 필자도 그 당시에 신문기자가 되었다. 뒤돌아보면 국제금융센터를 구상하려는 사람 중에는 동세대 사람들도 적지 않은 것 같다.

"꿈이여! 다시 한 번이라고 할까"(〈표 4-3〉).

표 4-3 세계의 금융센터 순위

1위	뉴욕
2위	런던
3위	상하이
4위	도쿄
5위	홍콩
6위	싱가포르
7위	베이징
8위	샌프란시스코
9위	선전
10위	취리히

출처: Z/Yen그룹

최근 고이케 유리코 도쿄 도지사가 깃발을 내걸고 정부가 이를 후원하고 있다. 코이케 도지사가 최초로 이러한 구상을 밝힌 것은 2017년 6월이었다. 전문가들의 제언을 받아들인 형태로 '도쿄판 금융 빅뱅'의 구상을 발표했다. 신흥 자산운용사나 금융과 IT를 융합한 핀테크 기업의 유치 및 육성 등이 골자이다. 외국계 금융기관의 진입 장벽으로 여겨지는 일본적인 상관행을 재검토하는 것 이외에도 세제 및 규제 개혁을 포괄적으로 진행하겠다고 밝혔다.

같은 해 말에는 영국의 금융가인 런던과 금융 진흥에 협력하는 합의서도 체결되었다. "새로운 역사의 출발을 알리는 역사적인 날이다.” 주일 영국대사관의 서명식에 참석한 코이케 지사의 표정은 매우 인상적이었다.

스가 요시히데 총리도 중요한 정책 중 하나로 ‘국제금융도시 구축’을 언급하였다. 자민당의 아마리 아키라 세제조사회장은 일본경제신문사의 ‘국제금융 허브와 일본의 역할(2020년 12월)’ 강연회에서 “진입 장벽을 재검토해 적극적으로 대처한다”, “(해외 인재 유치를 위해 상속세나 법인세 등의 세제를) 이치에 부합된 구조로 바꾸고 있다”는 등으로 강조했다. 다만 정부의 방침이 반드시 도쿄에만 국한된 것은 아닌 것 같았다.

스가 총리는 일본경제신문 등의 인터뷰에서 “도쿄의 발전을 기대하지만 다른 지역에서도 기능을 강화할 수 있도록 금융 환경을 정비하고 싶다”고 말하며, 도쿄 이외의 지방 도시를 중심 거점으로 삼을 의향도 시사했다(2020년 10월 13일자 일본경제신문).

오사카부(大阪府)의 요시무라 히로후미 지사는 종합금융그룹인 SBI 홀딩스와의 제휴도 염두에 두고 오사카와 고베의 국제금융도시 구상을 도모하고 있다. 또한, 후쿠오카 현에서도 후쿠오카 시와 현지 기업 등 산학관(産學官)이 협력하여 외국계 금융기관 유치를 목표로 하는 추진조직들이 생겨나고 있다.

관계자들의 열의는 대단하지만 들려오는 대응책들은 세율 인하, 사무실 임대료 우대, 외국인 주거환경 정비 등 하드웨어에 관한 것뿐이어서 다소 아쉽기는 했다. 즉, 국내외의 유능한 인재들을 모아 무엇을 하고 싶은지, 어떤 금융서비스를 만들 것인지에 대한 이야기는 충분히 담겨 있지 않은 것 같았다.

2) 아시아의 라이벌과 어깨를 나란히 할 수 있을까?

일본 정부가 국제금융센터 구축에 적극적으로 나서게 된 직접적인 계기는 아시아를 대표하는 세계적 금융센터인 홍콩에서 중국의 입김이 커지고 있기 때문이다. 자유를 구가하고 있던 구미의 금융 관계자들이 어쩔 수 없이 홍콩에서 나가야만 하는 움직임이 표면화되었기 때문에 도쿄가 그 역할을 대신할 수 있지 않을까 생각한 것이다.

당연히 같은 아시아권에서는 싱가포르라는 강적도 있다. 또한 일본에는 잘 알려져 있지 않지만, 말레이시아의 쿠알라룸푸르도 금융업의 진흥에 힘을 쏟고 있다. 이슬람교도들이 많아 종교계율에 입각한 'Islamic Finance'라는 특수 금융업의 아시아 허브를 지향하고 있다. 쿠알라룸푸르의 경우, 영어로 커뮤니케이션이 가능하기 때문에 구미에 사는 이슬람교도들의 금융 관계자에게도 인기 있는 장소이다.

이와 같이 금융센터의 패권을 건 시장 간 경쟁에서 이기려면 하드웨어의 우위뿐만 아니라 금융업의 특색을 어떻게 어필할 것인지에 대한 소프트웨어 전략도 필요하게 된다.

3) 경쟁에 필수적인 ESG 요소

서론이 너무 길어졌지만 왜 이런 얘기를 꺼냈는가 하면, 국제금융센터로서 특색을 갖추는 데 있어 ESG의 요소가 필수적이라 생각하기 때문이다. 딜링 룸(dealing room)에서는 순식간에 주식 트레이더들이 거금을 움직인다. 회의실에서 기업책임자들이 투자은행과 거액의 인수 계획을 짠다. 부유층의 사저에서는 개인재산 관리자와 재산 보전과 상속 대책을 검토한다. 금융에는 화려하기도 하고 조금은 비밀스럽고 은밀한 이미지도 따라다니지만, 실제 현대의 금융센터에는 다른 측면도 있다.

지난 2019년 가을, 싱가포르 금융행사인 '핀테크 페스티벌'에 참석했을 때의 일이다. 싱가포르통화청(MAS)이 2016년부터 개최하고 있는 이 행사에는 매년 5~6만 명의 관계자들이 참가하는 아시아 최대의 행사이다. 스모크로 자욱한 이벤트 회장은 레이저도 난무해 금융 관련 행사라기보다는 마치 콘서트를 방불하게 했다.

기조 연설에 나선 인물은 환경 NGO로 유명한 세계자연기금(WWF) 인터내셔널의 파반 수크데프(Pavan Sukhdev) 총재였다. '지구를 구하자(Save the Planet)'는 표어 스크린을 배경으로 약 30여분 동안 온난화 방지와 환경보호를 열변하였다. 대부분이 기업가로 생각되는 젊은 청중들은 열광적으로 경청하고 있었다. '여기가 정말 금융 관련 행사인가'라 반문할 정도로 일본에서의 여느 금융 컨퍼런스와는 그 양상이 너무나 달랐다.

회장에서 배포된 책자에는 정부 관계자가 등장하여 '싱가포르는 환경문제에 진지하게 임하고 있으며, 싱가포르를 그린채권 발행의 아시아의 허브로 삼겠다. 그리고 지속가능이라는 가치관을 세계에 펼치고 싶다'는 등의 메시지가 적혀 있었다. 메시지는 분명했다. 싱가포르는 자국 금융시장의 경쟁력이 ESG라고 명확하게 선언한 것이다.

4) 홍콩이 요구하는 엄격한 ESG 정보공개

홍콩에서도 중국 정부의 '일대일로(一對一路) 전략'을 선전하는 행사가 한창이었다. 일대일로는 '현대판 실크로드' 등으로도 불리는데, 이는 무역이나 인프라 투자면에서 중국과 유럽 간의 경제적 유대를 강화하려는 구상이다. 우연일지 모르겠지만 여기에서도 ESG의 투자자가 등단하여 환경이나 인권문제를 이야기하는 풍경을 자주 엿볼 수 있었다.

홍콩거래소는 상장기업들에게 엄격한 ESG 정보공개를 요구하는 것으로도 알려져 있다. 2016년부터 상장사의 관련 보고서 제출을 의무화하고 있으며, 2020년에는 상세한 기후변화 리스크 보고도 더불어 요구하고 있다. 사회 분야에서는 고용, 건강과 안전, 공급망 관리라는 각 항목마다 개선 계획을 알리도록 요구하고 있으며, 직원의 성별이나 연령, 각 성별에 따른 이직률 등도 공시하도록 하고 있다.

흥미롭게도 홍콩거래소의 ESG에 관한 대처를 중국 정부는 억제하려 하지 않고 있다는 점이다. 중국은 독자적인 환경분류법(taxonomy)을 만들어 유럽에 대항을 시도하는 등 독자적인 ESG 전략을 구축하고 있다. 주가도 대체로 견조하고, 환경 관련 사업을 영위하는 테크기업을 상하이나 선전, 홍콩에서 상장시키려 하고 있다. 중국 당국은 중국 대륙과 구미의 중계지인 홍콩시장의 중요성은 이용가치가 높다고 생각하고 있으며, 홍콩거래소의 ESG 관련 규제도 현재로서는 존중하려는 자세인 것 같다.

환경 파괴와 저임금 노동 등 ESG 투자자가 주시하는 문제의 상당 부분은 아시아에서 발생하고 있다. 싱가포르나 홍콩이 ESG 투자나 지속가능금융에 공을 들이고 있는 것은 자국과 지역 문제 해결을 위한 ESG 머니를 구미로부터 끌어들이기 위함이다. 이러한 절박감이 민관 모두가 힘을 합쳐 금융진흥국으로 향하게 만들고 있는 것이다. 민주화 탄압이 투자자들에게도 문제시되고 있는 홍콩의 경우, 향후 ESG 머니를 끌어들인 뒤 중국 정부에 대한 대응을 더욱더 주목할 필요가 있다.

일본의 경우, '버블경제여! 과거의 영광을 한 번 더'라는 옛날을 그리워하거나, '홍콩의 금융인재들을 받아들일 수 있는 유일한 인프라'라는 허황된 기대와 외침을 하는 것만으로는 무언가 부족한 것은 사실이다. 21세기의 금융센터다운 특징을 보일 수 있을지 그 귀추가 주목된다.

5. Green에 베팅하는 영국

1) 영국의 EU 탈퇴로 인한 금융 허브의 손실

런던은 국제금융도시를 지향하는 도쿄가 유력한 파트너라고 평가하는 도시이지만, 런던은 런던 나름대로 어려운 문제를 안고 있다. 영국의 EU 이탈, 즉 브렉시트(brexit)에 수반해 런던이 세계적으로 고립되고 있고, 금융가(街)로서의 경쟁력이 저하될 수도 있다는 우려가 강해지고 있다.

영국, 즉 런던의 강점은 뭐라해도 미국과 유럽대륙 사이에 있다는 중계기지로서의 편의성이었다. 미국 월가의 금융기관들은 경제통합을 진행하는 독일이나 프랑스 등 유럽대륙 관련 국가들의 발판으로서 런던에 통괄 거점을 마련하고 있었다.

독일과 프랑스의 은행들은 미국 금융기관과 거래하거나 미국 진출 태세를 갖추기 위한 거점으로 런던을 이용해왔다. 런던이라는 장소는 미국에 있어서의 유럽, 유럽에 있어서의 미국이었던 것이다.

런던이 편의성을 가질 수 있었던 것은 구미를 사이에 둔 대서양의 '섬나라'라는 지리적인 이점도 있었지만, 무엇보다도 영국이 EU의 일원이었다는 점이 주효했다고 생각된다.

예를 들면, 골드만삭스나 JP모건 체이스라는 미국의 금융기관들은 영어가 통하는 영국 런던에 유럽 통괄 거점을 마련, 현지의 금융감독을 받게 되면 나머지는 EU가맹국의 어디에서라도 자유롭게 업무를 수행할 수 있었다. 이 구조를 패스포팅(passporting)[59]이라 한다.

영국이 EU를 이탈함에 따라 런던에 진출해 온 미국의 금융기관들은 패스포팅 권리를 잃게 되었다. 그래서 EU구역 내 금융업이 비교적 활발한 지역에 유럽 업무의 통괄 거점을 옮기려는 움직임이 활발해졌다. 주요 지역으로는 아일랜드 더블린과 독일 프랑크푸르트, 프랑스 파리 등이 거론되었다.

2) ESG의 세계적 리더가 된 TCFD

이처럼 영국의 EU이탈을 통해 런던은 유럽을 대표하는 국제금융센터의 지위를 잃게 되었으며, 유럽의 한 지방도시로 퇴색될 처지에 이르렀다. 어떻게 하든 사람과 돈을 끌어들이지 않으면 금융업이 쇠락하게 되어 국가경제에도 악영향이 미치게 된다. 이에 영국정부가 생각해 낸 것이 ESG이며, 특히 환경 분야에 대해 세계적 리더가 되겠다는 전략이다.

먼저, 기후관련 재무정보공개 태스크포스(TCFD)이다. 많은 일본기업들이 자주적으로 채용하고 있는 정보공개를 영국은 2021년

---

59) 금융기관이 EU 국가 중 한 곳에서 설립인가를 받으면 다른 모든 회원국에서 별도 인가 없이 자유롭게 영업을 할 수 있는 권리를 의미한다. 영국은 이 패스포팅 권한 덕에 EU 내 금융산업에서 막강한 영향력을 행사했는데, 2016년 말 기준으로 EU 내 패스포팅 권한 이용 기업의 76%가 영국에 기반을 두고 있었고, 이를 통해 금융서비스 수출의 약 35%를 EU 내에서 해결할 정도였다.

1월부터 런던증권거래소의 주요 기업을 대상으로 의무화하였다. 처음에는 전체의 66% 정도, 2022년에는 100%로 적용할 예정으로 2025년까지 비상장을 포함해 영국 전체의 기업으로 확대할 방침이다.

기업에 대한 TCFD 의무화는 선진국의 경우 영국이 처음으로 적용하고 있다. 1장에서도 기술한 바와 같이 일본 기업들은 세계적으로 보아도 TCFD 대처에 적극적인데, 이를 도입하고 있는 기업 수는 300개사 이상으로 세계 최고이며, 2위는 영국의 225개사이다. 만약 영국이 정말로 모든 기업들에게 TCFD 채용을 의무화하게 되면 1위 자리는 영국이 가지게 된다. 이를 통해 영국은 환경문제에의 대처를 국제적으로 어필할 수 있으며, 기후변화 분야에서의 발언권이 높아지게 된다는 것은 말할 필요도 없다.

3) 의식할 필요가 없는 영국식 전략

이러한 전략은 기존 영국류의 금융진흥정책과는 약간 분위기가 다르다. 영국은 무슨 일이든 규칙의 방향만 먼저 정한 후, 세부 해석은 사용자들에게 맡기는 'principle-based approach(원칙주의)'를 채택해 왔다. 또한, 일률적인 의무 부여는 하지 않고 규칙에 따를 것인지에 대한 판단은 각자에게 맡기고, 따르지 않는 경우는 정당한 이유를 말하게 하는 'Comply or Explain(준수하라, 그렇지 않으면 설명하라)'라는 기법이 일반적이었다.

이러한 사고방식은 2010년대 '일본의 기업지배구조 개혁'에도 활용되었다. 기업이나 투자자들을 위한 지침 적용도 '준수 혹은 설명'의 원칙을 적용해 그 효과를 올려 왔다. 법률 등에서 딱딱하게 의무만을 지우는 것이 아니라, 지침이라는 원만한 형태를 사용해 스스로의 재량에 맡기는 방식은 영국과 일본의 닮은 점이라 할 수 있다.

이러한 관점에서 볼 때 모든 기업에 대한 TCFD의 의무화라는 것은 영국 정책으로서 상당히 심도 있는 것임을 알 수 있다. 논의할 필요도 없이 무조건적으로 강제하는 방법은 영국의 금융행정기법으로서는 거의 사례가 없었다.

그만큼 EU이탈 후의 영국이 환경 금융의 세계에서 존재감을 발휘해 영향력을 계속 유지하고 싶은 것이다. 과거 10년간 영국류 기반 하에 지배구조 개혁을 진행시켜 온 일본의 입장에서도 주목해야 할 변화이다.

또한 영국은 2020년 12월 파리협정에 따른 영국의 이산화탄소 배출량 국가별 감축 목표를 '2030년까지 1990년 말 대비 68% 수준으로 감축하겠다'고 발표했다. 기존 목표는 53% 감소였으니 상당히 야심찬 수준의 감축 목표라 할 수 있는데, 이는 명기된 수치로서는 선진국에서 가장 높은 수준이라 판단된다.

더욱이 2030년까지 가솔린차와 디젤차의 신차 판매를 금지하고, 전기자동차 보급을 확대하는 방침도 밝히고 있다. 가솔린차 등의 신차 판매 금지 시기는 당초 2040년까지였는데 이를 2035년으로 앞당겼었다. 이를 재차 2030년으로 시기를 앞당긴 것을 미루어 보아 영국 정부가 환경문제에 얼마나 의욕적인가를 쉽게 알 수 있을 것이다.

영국의 보리스 존슨(Boris Johnson) 총리는 "야심적인 목표에 의거하여 영국민의 삶을 바꾼다"고 말했다. 여기에서의 '야심'이 환경문제에 머무르지 않고, EU 탈퇴 후의 금융센터 진흥에도 향해지고 있다는 것은 상상하기 어렵지 않을 것이다.

2021년의 영국은 빠른 시일 내에 최초의 그린채권도 발행할 예정이다. 또한 런던에 본부를 둔 IFRS재단이 ESG 관련의 정보공개 설정 기관을 만들기 위한 논의도 본격적으로 시작될 것 같다. 회계기준 등 자본시장에 있어서의 글로벌한 기준 설정력은 영국이 가진 소프트 파워의 하나일 것이다.

2021년은 COP26 개최국으로 세계가 주목하는 큰 이벤트를 통해 영국은 환경 입국(立國)을 목표로 다양한 시도를 가속화할 것 같다.

제 5 장

진화하는 ESG

Environment

Social

Governance

[한번에 이해하기]

1. 야심찬 포부
2. 이익극대화에서 임팩트 투자로의 전환
3. 이미 아시아에서 발생된 ESG 문제
4. 시장의 중심에 위치한 NGO / NPO
5. ESG가 필요 없어지는 날

한번에 이해하기

미디어에서 다루어지는 빈도로 보아 ESG 분위기는 전 세계적으로 최고조에 다다른 것 같다. ESG라는 열풍은 언젠가 끝나겠지만 제기하는 문제의 중요성이 사라지지는 않을 것이며, ESG는 계속적으로 진화해 나갈 것이다. 이것이 이번에 다룰 주제이다.

개인적으로 2020년의 후반은 세계 각국이 탈탄소 목표율을 상향 조정하며 상호간의 경쟁이 두드러졌던 한 해였다고 생각한다. 중국이 유엔에서 '2060년까지 이산화탄소 배출량을 Net Zero로 한다'고 내세우자, 일본의 스가 총리는 소신 표명 연설에서 '2050년 Net Zero'를 서둘러 선언했다. 기업으로 눈을 돌려 보면, 마이크로소프트는 이산화탄소의 흡수율을 배출율보다 많이 하는 'carbon negative'를 2030년까지 달성한다고 표명할 정도다.

정부와 기업들이 탈탄소 목표를 경쟁적으로 상향해 가는 모습들을 볼 때 알맹이는 없고 야심만 가득한 것으로 오인될 수도 있다. ESG라는 말의 유행이 끝나갈 즈음엔 그들이 야심차게 표명한 목표들의 실행 결과가 엄격하게 요구된다는 것을 잊어서는 안 된다.

투자의 양대 요소는 리스크와 수익률인데, 최근 여기에 '임팩트 요소'도 더불어 고려하려는 움직임이 두드러지고 있다. 이른바 임팩트 투자(impact investing)이다. 일본의 개인 투자자에게도 인기가 있는 것은 물론이고, 스타트업 업계에서는 문제해결형 창업을 자금 측면에서 지원하기 위한 도구로서도 주목받고 있다.

ESG 머니를 출자하는 사람은 유럽과 일본 등의 선진국 투자자들이지만 실제로 해결해야 할 과제의 대부분은 아시아에서 발생하고 있다. 중국은 세계 최대 이산화탄소 배출 국가이며, 동남아시아 지역의 석탄 화력발전소 신설과 인권 침해를 문제삼는 ESG 투자자들이 적지 않은 것도 현실이다.

단지, 현황에서는 실제 이러한 자금들이 흘러들어가는 곳은 선진국들이 대부분이기에 이러한 자금을 필요로 하는 신흥국의 비율은 상대적으로 낮다. 앞으로는 아시아 기업에 투자자들이 직접 문제해결을 위해 참여하는 비율이 증가할 것으로 보인다. 다름 아닌 ESG의 미래는 아시아에 있기 때문이다.

아시아에는 환경 및 사회문제를 조사하는 NGO나 NPO가 다수 활동하고 있으며, 그들의 조사를 투자자들도 적극적으로 참고하고 있다. 또한, NGO나 NPO 스스로 주주가 되어 기업에 관여하려는 움직임도 두드러지고 있다. 자본시장의 인플루언서들이 기존의 대형 투자은행이나 자산운용사에서 시민들이 지지하는 NGO/NPO로 그 형태가 바뀌고 있다. 이 또한 ESG의 미래를 생각하는 데 있어 간과할 수 없는 현상의 하나일 것이다.

ESG 투자가 사회에 정착하여 기업을 장기적인 관점에서 고려할 때의 당연한 평가요인으로 자리잡게 되면 특별하게 ESG를 거듭 강조할 필요도 없어질 것이다. 머지않아 ESG라는 단어는 없어질지도 모르지만 기업 경영에 있어서 환경, 사회, 지배구조의 중요성은 오히려 높아져 갈 것이라 생각한다.

1. 야심찬 포부

1) 경쟁에 돌입한 각국의 정책

기후변화 문제를 논의하다 보면 '야심찬 포부'라는 말에 직면하게 된다. 일본어로 '야심'이라 하면 그다지 긍정적인 이미지를 주지 못할 수 있지만, 기후변화에 관해서는 적극적인 의미로 사용된다. 각국의 기후변화와 관련된 정책을 예로 들겠다.

일본의 스가 총리가 2020년 10월 26일의 소신 표명 연설에서 '2050년까지 온난화가스 배출을 Net Zero'로 선언한 것은 이에 앞선 9월 22일 중국의 시진핑 주석이 유엔 연설에서 '2060년 Net Zero'를 표명한 것을 의식했기 때문으로 생각된다.

그리고 스가 총리의 선언이 있었던 이틀 후, 10월 28일 한국의 문재인 대통령도 국회 시정연설에서 '2050년 Net Zero' 방침을 표방한 것도 기억할 필요가 있다. 한국은 2020년 4월 15일 총선에서 대승을 거둔 여당이 환경문제를 중시했음에도 불구하고 새삼스럽게 대통령이 재차 표명한 것은 중국에서 일본으로 이어진 Net Zero 선언의 흐름을 이어가고자 한 것으로 판단된다.

이러한 지구온난화 방지를 위한 높은 목표를 위해 상호간 경쟁하는 구도 양상을 국제사회에서는 '야심찬 포부'라 일컫고 있다. 2019년 12월, EU 정상들은 '온실가스 배출량을 2030년까지 1990년 대비 최소 55% 감축'이라는 목표에 합의했다. 지금까지는 40% 삭감을 목표로 하고 있었으니, 여기에서 15%의 인상은 정말 야심만만하다고 볼 수 있다.

2) Microsoft의 Carbon Negative 선언

야심찬 포부에 발벗고 나선 것은 정부만이 아니었다. 기업들도 탈탄소를 목표로 경쟁선 상에서 출발하거나, 이미 달리고 있다. 마이크로소프트(Microsoft)의 사티아 나델라(Satya N. Nadella) CEO는 2020년 1월 자사 신년회에서 '2030 Carbon Negative'를 선언해 청중을 놀라게 했다. Carbon Negative란 배출량보다 많은 이산화탄소를 줄이거나 제거해 실제 배출량을 줄이는 것을 말하기 때문이다.

배출량을 삭감 혹은 제거량으로 동등하게 이해함으로써 이산화탄소를 늘리지 않는 탄소중립(carbon neutrality)을 표방하는 기업들은 지금까지 적지 않았다. 여기에 한발 더 나아가 순수 감소를 목표로 한 Negative 선언은 보다 야심찬 내용이어서 환경 NGO와 ESG 투자자들의 주목을 한꺼번에 받았다.

그럼, 이러한 선언에 있어 어디가 그렇게 야심적인 것일까? 본서에서 여러 번 언급한 파리협정은 세계 평균기온 상승을 산업혁명 전과 비교해 2℃ 이하인 1.5℃ 수준까지 억제하는 것을 목표로 하고 있다. 기후변화에 관한 정부간 협의체(IPCC: Intergovernmental Panel on Climate Change)[60)]에 따르면 기온 상승률을 1.5℃로 억제하려면 세계에서 2050년까지 탄소중립을 달성해야 한다고 한다.

2030 Carbon Negative는 국제 목표를 훨씬 상회하는 속도의 이산화탄소 삭감을 전제로 하고 있다. 여기에 마이크로소프트의 야심이 있는 셈이다.

3) Backcasting[61)]으로 진행

그럼 마이크로소프트의 계획을 살펴보도록 하자.

먼저, 2030년까지 오피스나 데이터센터 등의 사업소, 그리고 공급망 전체에서 배출되는 이산화탄소의 양을 절반으로 줄인 다음, 나머지 배출량과 동일한 양 혹은 그 이상의 이산화탄소를 제거함으로써 Carbon Negative를 달성하겠다고 한다. 또한 여기에 더해 2050년까지 자사 오피스 등이 1975년 창업 시부터 배출해 왔던 이산화탄소의 제거도 목표로 한다고 한다.

이산화탄소 배출량을 줄이기 위해서는 탄소배출권을 구입하는 기

---

60) 1988년 UNEP(유엔환경계획)과 WMO(세계기상기구)가 공동으로 설립한 국제기구로서, 전 세계 3,000명 이상의 전문가가 기후변화와 관련한 과학적 사실을 규명하기 위해 노력하고 있다. IPCC의 핵심 역할은 기후변화에 대한 전문적인 분석과 정책 방향을 제공하는 것이다. IPCC 보고서는 유엔기후변화협약(UNFCCC)에서 정부 간 협상의 근거자료로 활용되기도 한다. 제2차 평가보고서(1995)는 교토의정서(1997)의, 제5차 평가보고서(2014)는 파리기후변화협약(2015)의 과학적 근거를 제공했다.

61) 미래의 어느 시점을 목표를 설정하여 그 시점을 기준으로 역산하여 현재 해야 할 일을 설정하는 방법으로, 지구온난화 대책과 같이 현 상황이 지속적으로 이어질 경우 암울한 미래가 예측될 때 이용된다.

술적인 방법도 있겠지만, 탄소배출권 거래는 누군가가 탄소배출을 줄인 만큼 더 많은 탄소를 배출한 누군가가 구입하는 시스템이기 때문에 사회 전체의 배출 총량은 바뀌지 않는다.

마이크로소프트는 배출 권리의 거래를 통한 상쇄 삭감이 아니라 Negative Emissions Technologies(NET)을 사용해 대기 중의 이산화탄소를 공기 중에서 제거하려 하는 것이다. NET의 구체적인 사례로 들 수 있는 것이 식림(植林)사업인데, 이는 수목이 대기 중의 이산화탄소를 흡수하는 광합성의 힘을 활용하는 것이다. 또한, 직접 공기포집(Direct Air Capture: DAC)이라는 기술이 있는데, 이는 대기 중의 이산화탄소를 화학용액 등을 사용하여 포집한 뒤 땅에 매립하여 처리하는 기술이다.[62)]

단지 대량의 이산화탄소를 효율적으로 제거하는 기술들은 실험의 수준에서 벗어나지 않는 것들이 대부분이며, 실제 적용이 가능하다고 할지라도 막대한 비용이 수반되는 것이라서 이에 대한 혁신이 가장 요구되고 있는 분야이기도 하다. 이에 마이크로소프트는 전 세계에서 연구되고 있는 NET를 자금면에서 지원하는 '기후 이노베이션 펀드'를 설립, 10억 달러를 지원할 방침도 밝혔다.

일본 기업들의 입장에서 보면 이러한 대응은 '야심적인 목표를

---

62) 탄소포집기술과 관련하여 좀 더 자세한 내용이 궁금할 경우 다음의 사이트를 방문하면 좋다. https://news.kotra.or.kr/user/globalBbs/kotranews/782/globalBbsDataView.do?setIdx=243&dataIdx=187066

내세우는 것은 좋지만, 만약 달성하지 못하면 어떻게 할 것인가', 혹은 '현재 기술력으로는 달성이 어렵다'는 등의 자조 섞인 목소리가 높아질 것이다. 미국 기업들 특히, 마이크로소프트와 같은 IT기업들은 '이러한 야심을 달성하기 위해서는 어떤 기술을 어떻게 개발해야 하는가'라는 발상을 한다.

미래를 향한 보다 높은 목표를 내걸고, 그곳을 기점으로 현재를 되돌아보는 것이다. 현 상황에서 나아가야 할 방향을 고민하는 것이 아니라, 야심을 실현하기 위한 방향을 역산하여 고민해 보는 사고방식을 Backcasting이라 하며, ESG 투자자들은 이러한 방법을 즐겨 사용한다.

4) 야심적인 목표의 목적

그럼, 왜 마이크로소프트는 이러한 야심찬 목표를 세운 것일까? Carbon Negative 선언에 관하여 브래드 스미스(Brad Smith) 사장은 이렇게 말하고 있다. "세계는 Net Zero를 달성할 필요가 있지만, 더 빨리 더 멀리까지 볼 수 있고 움직일 수 있는 기업들은 그렇게 임해야 한다."

기술과 자금력을 가진 마이크로소프트는 '더 빨리, 더 멀리 움직일 수 있는 기업'이나 다름없다는 강렬한 자부심을 느낄 수 있는 말이다. 마이크로소프트의 기업 미션은 '지구상의 모든 개인과 조직이 더 많은 성취를 할 수 있도록 돕는 기업(Empower every person and every organization on the planet to achieve more)'이다.

온난화 방지는 우리들이 장기간에 걸쳐 보다 많은 것을 달성함에 있어 간과할 수 없는 조건이기도 하다. 이런 부분에서 볼 때 2030 Carbon Negative라는 야심찬 목표를 내걸고 실현을 위해 매진하는 것은 마이크로소프트의 미션이나 존재의의에 정확하게 부합한다고 볼 수 있으며, 실리를 중시하는 미국 기업들의 이념적인 측면이 엿보이는 부분이기도 하다.

5) Amazon의 기후변화 연구 펀드

마이크로소프트의 선언으로부터 약 5개월 후인 2020년 6월, 이번에는 아마존이 움직였다. 기후변화 문제를 해결하기 위해 20억 달러 규모의 기금을 설립한 것이다. 마이크로소프트에서도 언급한 직접공기포집(DAC) 혹은 자연분해되는 플라스틱 등 환경보호에 도움이 되는 기술 개발에 투자할 계획을 밝혔다.

아마존은 대규모 물류시설 주변에서 발생되는 대기오염 등이 문제시되어 지역사회나 직원들이 항의 활동 등을 펼치기도 했다. 이에 제프 베이조스(Jeff Bezos) CEO는 2019년에 "2040년까지 자사 사업에서 배출되는 이산화탄소를 실질적으로 제로로 만들겠다"는 목표를 발표하기도 했다.

'2040 Net Zero'는 국제사회의 목표인 '2050 Net Zero'를 10년 앞당기고 있어, 이것 또한 리더 기업으로서의 '야심찬 포부'의 행보로 받아들여졌다. 하지만, 얼마 지나지 않아 마이크로소프트의 '2030 Carbon Negative' 선언으로 인해 아마존의 목표는 빛을 잃어버리고 말았다. 이러한 기후변화 펀드의 설립 배경에는 마이크로소프트에 대한 경쟁심이 깔려 있다고 추측된다.

3장에서 2020년 7월 애플이 2030년까지 공급망 전체의 탄소가스 배출을 Net Zero로 하겠다고 발표해 ESG 투자자들을 놀라게 했다는 이야기를 소개했었다. 이 역시 미국 IT업계의 야심찬 경쟁의 한 단면이라 볼 수 있을 것이다. 마이크로소프트나 아마존도 애플의 이러한 선언에 자극을 받아 더 높은 목표를 검토하고 있을지도 모르겠다.

ESG 투자의 고조는 세계적인 자본주의 재검토의 기운과 병행하고 있는데, 그 과정에서 비즈니스의 힘으로 충분히 관련한 사회문제를 해결할 수 있다는 가능성을 확인할 수 있었다. 미국 IT업계가 탈탄소의 속도와 깊이를 겨루는 모습은 '사업의 존재의의를 사회에 질문하고 있는 것'처럼 보인다.

2. 이익극대화에서 임팩트 투자로의 전환

1) 리스크 조정 후 이익극대화를 목표로

ESG 투자는 환경이나 사회문제, 더 나아가 조직의 본연의 자세 등 비가시적인 요소를 기업 경영의 판단 재료에 덧붙이려는 투자

기법이다. 머지않아 닥쳐올 환경 파괴나 노동 착취로 비용 절감을 시도했거나, 운이 좋아 이제까지 그럭저럭 운영해 왔던 경영진의 감독체제가 불충분했던 기업도 있을 수 있을 것이다. 이러한 기업에 대한 투자는 단기적으로는 성공할지 몰라도 장기적으로는 언젠가 문제를 발생시켜 충분한 투자 성과를 올리지 못할 리스크가 존재한다.

ESG 투자는 이러한 사태를 막기 위한 수단이며, 조금 과장하면 ESG 투자는 리스크 조정 후의 이익극대화를 목표로 한다는 것을 이해할 필요가 있다.

2) 21세기의 수탁자 의무

21세기의 수탁자 의무(Fiduciary Duty in the 21st Century)라는 보고서가 있다. ESG의 제창과 관련된 유엔 환경계획 금융 이니셔티브(UNEP FI) 등이 4년에 걸쳐 정리하여, 2019년 10월에 발표한 것이다. 각국 정부나 자산운용자와의 논의를 통해 'ESG 요인을 고려하는 것은 수탁자 책임에 적합하다'고 결론지었다.

이어 "ESG 분석을 무시하면 리스크 평가를 잘못할 수도 있으며, 자산 배분이 제대로 이루어지지 못할 우려도 있다. 이런 경우 수탁자 의무를 완수하고 있다고 볼 수 없다"라고 언급할 정도로 수탁자 의무를 완수하기 위해 충분한 리스크 평가를 할 수 있는 수단이 ESG라고 생각하는 것이다. 2020년에 들어 ESG 투자가 자산운용 세계에서 급속하게 활발해진 배경 중의 하나에는 이러한 공적보고서에 대한 '보증'도 있었다고 생각된다.

21세기의 수탁자 의무 또한 그 저변에 깔려 있는 리스크와 수익의 두 가지 요소를 최우선시하는 전통적인 투자 관점에서 출발한다. 최근에는 리스크와 수익만이 아니라, 투자의 제3의 요소로서 임팩트(impact)를 더해 고려하려는 흐름이 강해지고 있다. 투자를 리스크와 수익의 2차원이 아닌, 리스크–수익–임팩트라는 3차원으로 고려해야 하는 것이 수탁자 의무에 보다 적합하지 않을까 하는 문제의식의 제기이다.

3) 임팩트 투자

여기에서 주목할 만한 것은 환경이나 사회적 문제 해결을 위한 자금으로 채권 등의 금융상품을 발행하고 투자하는 임팩트 투자(impact investment)[63]이다.

2013년 영국에서 개최된 주요 8개국(G8) 정상회의에서 당시 데이비드 캐머런(David Cameron) 영국 총리가 임팩트 투자의 필요성을 강조하면서 금융계에서도 주목을 받았다. 세계 임팩트 투자의 시장 규모는 2019년에 5,020억달러에 달한 것으로 전망된다. 2019년

---

63) 재무 수익과 함께 예측 가능한 사회 또는 환경문제들을 해결하는 것을 목적으로 하는 기업, 단체, 그리고 펀드들에 대한 투자로, 일종의 착한 투자를 의미한다.

주요 20개국(G20) 정상회의에서는 '혁신적 자금조달 메커니즘'으로 언급되기도 했다.

1장에서는 SDGs(지속가능개발목표)와 ESG의 상관관계를 설명할 때, SDGs는 목표이며 ESG는 수단이라 언급했다. SDGs의 목표를 달성하기 위해서는 매년 약 5조~7조 달러의 자금이 필요하다고 한다. 이러한 자금 수요를 조달하는 주요 수단이 ESG 투자이며, 그 중에서도 임팩트 투자가 가장 효율적이라 생각된다.

자산운용사도 적극적으로 대응하고 있는 것 같다. 유럽계 자산운용회사 Amundi Japan의 인베스트먼트 오피서인 이와나가 야스노리는 Morningstar 대표이사인 아사쿠라 토모야와의 웹 대담에서 다음과 같이 말했다.

"개인 투자자들이 투신을 활용할 때에는 중장기적인 수익을 중시하지만, 투자 자금이 어떠한 형태로 사회적인 과제 해결에 공헌하고 있는가라는 것에도 관심이 높다고 생각한다. 그래서 중장기적인 기간 안에 사회경제적 변화의 트렌드가 반영될 수 있는 투자 기회에 주목하고 있다. SDGs를 달성하기 위해 기업들이 여러 가지 대안들을 실행하고 있으며, 거기에 투자자 여러분들이 부가가치를 인정함으로써 최종적으로는 이러한 것들이 기업의 실적에도 반영되는 것, 이것이 투자 수익으로도 연결되어 갈 수 있는 선순환을 형성한다.

구체적으로 SDGs의 17개 목표 중에서 '교육' 보급에 공헌하는 기업에 투자하는 차세대 교육 관련 펀드인 '미래 에듀케이션 펀드[64)]'가 있다. 여기에는 COVID-19로 주목을 받고 있는 원격 교육을 추진하는 에듀테크 분야도 포함된다. 그리고 차세대 의료 테크놀로지를 활용해 '건강 및 의료'에 공헌하는 '미래 메디컬 펀드[65)]'와 '기후변화' 문제에 적극적으로 대처하는 리더 기업에 투자하는 'SMBC Amundi Climate Action 펀드[66)]'가 있다. 이들 3개 펀드는 'Amundi Impactful Action series'로서 지속가능한 사회 실현을 위해 자금운용 세계에서 사회에 임팩트를 주는 것을 목표로 하고 있다."

4) Zebra 기업[67)]의 육성

임팩트 투자의 인기는 산업 구조에도 영향을 미칠 가능성이 있다. 성장과 사회문제의 해결의 양립을 목표로 하는 비상장 신흥기업을 'Zebra 기업'이라 부른다. 기존 산업을 파괴하고 경쟁기업을 벼랑 끝으로 밀어내서라도 급성장하려는 비상장 대기업인 '유니콘'에 대한 반발에서 나왔다. 개발도상국의 산업 지원이나 폐기물 재

64) https://www.amundi.co.jp/fund/focus/education_LP.html

65) https://www.amundi.co.jp/fund/focus/miraimedical.html

66) https://www.amundi.co.jp/fund/focus/climate_action_LP.html

67) 지브라(Zebra) 기업이란 지속가능성을 중시하며 '공존성'을 가치로 하는 스타트업으로서, 기업이익과 사회공헌이라는 상반된 두 가지를 양립한다는 점에서 흑백 무늬의 얼룩말에 비유된다.

활용 등에 관한 사업을 진행하는 경우가 많은 것 같다.

거액의 자금 조달이나 대형 신규 주식공개(IPO)와는 무관하지만 임팩트 투자의 아이디어를 차용한 소액의 자본 제공 파이프가 있다면 사회에 도움이 되는 기업을 육성할 수 있다. 이러한 자본 제공을 'Social Impact Venture Capital(SIVC)'이라고도 한다.

미국의 유력 Venture Capital인 '500 Startups'는 투자 방침에 ESG 요소를 도입하기 시작했다. 또한, 도쿄에서 산업폐기물 회수 시스템을 운영하는 'FanFare[68]'는 500 Startups의 파트너가 새롭게 설립한 벤처캐피탈인 'Coral Capital[69]'로부터 3,000만엔을 조달했다.

위험하고 더럽다는 이미지를 가진 산업폐기물 사업은 '사람 구하기'에 상당한 어려움을 가지고 있다. 이에 FanFare는 AI를 활용하여 산업폐기물 회수차의 운행 동선이나 담당자 배치를 최적화할 방침이라 밝혔다. FanFare의 콘도 유키토 대표는 일본경제신문 지면을 통해 "산업폐기물 업계의 과제를 IT도입으로 해결하려는 것에 투자자들이 이해해 주었으며, 흔쾌히 투자해 주었다"고 전했다.

2장에서 네덜란드 자산운용회사인 로베코(Robeco)의 허셀 CEO의 발언을 소개한 적이 있다. 투자의 세 요소를 '리스크, 수익, 그리

68) https://fanfare-kk.com
69) https://coralcap.co

고 웰빙'이라고 하는 주장은 좀 엉뚱하게 느껴졌을지도 모른다. 하지만 임팩트 투자의 흐름을 살펴보면 웰빙과 임팩트는 거의 같은 의미임을 알 수 있다.

3. 이미 아시아에서 발생된 ESG 문제

1) 각국의 ESG 과제

앞에서 투자자나 기업 등 자본시장의 주역들에 주목해 ESG의 요소가 어떻게 그들을 바꾸어 왔는지를 중점적으로 살펴보았다. 기후변화나 인권문제 등의 테마별로 해설하였지만 구미와 일본 등 지역별 분석은 거의 다루지 않았다. 이것이 다른 책들과 구별되는 점이라 생각한다.

하지만 이번에는 그 취지를 바꾸어 지역 이야기를 다루어 보고자 한다. 바로 아시아 지역이다. ESG 투자를 하는 곳은 유럽과 일본 등 선진국들의 연기금과 자산운용사들이다. 투자대상 기업은 선진국부터 신흥국, 그리고 개발도상국에 이르기까지 광범위하지만 도마에 오르는 문제의 대부분은 아시아 신흥국에서 발생하고 있다. "사건은 현장에서 일어나고 있다"는 일본에서 유명한 수사반장과 같은 드라마의 명대사가 있었는데, 이 부분을 조금 흉내를 내어 보면 "문제는 아시아에서 일어나고 있다"는 것으로 ESG는 설명된다.

투자자들이 문제 삼는 ESG 과제를 지역별로 알아보도록 하자.

- **중국**: 이산화탄소 배출, 플라스틱 쓰레기 폐기, 위구르인 인권 침해, 강제 노동, 홍콩의 민주화 탄압
- **베트남**: Vung Ang 2 석탄화력발전소 건설 계획, 공급망의 근로 환경
- **태국**: 어선 및 어항의 노동환경('바다 노예' 문제), 인신매매, 미흡한 민정 이관(民政移管)
- **말레이시아**: 팜유 생산에 따른 노동 문제와 삼림 훼손
- **인도네시아**: 팜유 생산에 따른 노동 문제와 삼림 훼손, 이탄지(泥炭地)[70] 개발과 삼림 화재
- **미얀마**: 로힝야 난민, 불충분한 민주화
- **방글라데시**: 섬유 산업의 근로 환경
- **인도**: 이산화탄소 배출, 대기오염, 가혹한 노동('현대 노예' 문제)

1990년대부터 2000년대에 걸쳐 선진국의 기업들은 글로벌 전략의 일환으로 아시아 신흥국에 진출했다. 이들 나라에서의 생산 및 판매 활동이 급속히 확대되었기 때문에 환경이나 사회문제에의 대

70) 이탄이 집적되는 습지를 말한다. 이탄지 중 습지 내외로 물의 이동이 거의 없는 습지를 보그(bog), 주변 무기질 토양으로부터 배수되는 물을 받아들이는 습지를 펜(fen)이라 한다. 보그 이탄지에서는 이끼 특히 물 이끼의 식생이 가능하다. 펜 이탄지는 보그 이탄지에 비하여 식물 양분이 더 많고, 산성은 덜하다.

응은 뒷전이었다. 2006년 UN PRI 발표를 계기로 글로벌 기업들이 아시아가 안고 있는 여러 문제들에 관심이 높아진 것이 ESG 투자의 중요한 측면이라 할 수 있다.

또한, 아시아는 온난화로 인한 잦은 자연재해로 경제적 피해가 가장 큰 지역이기도 하다. 2020년 12월 6일자 일본경제신문 조간에 따르면 '2030년 시점으로 하천 수해 등이 일으키는 전 세계의 경제적 손실은 연간 17조 달러에 이를 것'이라 전망하고 있다. 이 중 중국과 인도 등 아시아 지역에서 발생하는 손실은 약 절반인 8조 5,000억 달러에 달할 것'이라 한다.

피해를 최소화하는 제방 등의 정비도 시급한 상황이지만 신흥국의 방재 인프라는 선진국에 비해 너무나도 빈약하다. 이러한 점도 ESG 투자자는 눈여겨 보고 있으며, 임팩트 투자 등의 형태로 관련 자금의 투자를 꾀하고 있다.

2) 여전히 소규모인 ESG 금융

산적한 문제들과 그 심각성에 비해 아시아에서의 ESG 머니의 규모는 여전히 작다고 할 수 있다. 영국의 Aberdeen Standard Investments에 따르면 ESG 전략을 내세운 세계 펀드들이 투자하는 금융자산들의 지역별 내역을 보면 유럽과 중동이 66%로 가장 높고, 미국 26%, 영국이 5%, 아시아는 3%로 가장 낮은 비율을 보였다. 하지만 이러한 지역 간의 투자 불균형은 향후 해소될 가능성이 높으며, 아시아 지역에서의 ESG 투자는 성장 단계에 진입을 했다고 본다.

앞서 언급한 바와 같이 일본의 연금적립금 관리운용 독립행정법인(GPIF)은 세계 최대의 자산 소유자이며, ESG 투자에 있어서 열성적인 리더 역할을 담당해 왔던 것은 사실이다. 일본 이외에서는 중국의 Ping An Insurance Group이 2019년에 자산 소유자로서 PRI에 서명했다. 중국 증권감독관리위원회는 ESG 정보의 개시를 모든 상장기업에 의무화할 방침이라 밝혔다. 말레이시아에서는 정부계 펀드인 Khazanah Nasional Berhad이 PRI에 서명하였으며, 한국의 국민연금공단도 ESG 투자 방침을 표명했다.

3) 주목할 만한 Temasek Holdings의 역할

싱가포르에는 Temasek Holdings라는 유명한 정부계 펀드가 있다. 운용자산은 3,000억 달러 이상으로 정부계 펀드로서는 세계 10위 정도의 규모를 자랑한다. 게다가 높은 금융 지식과 전문성을 보유하고 있는 엄선된 운용 전문가들이 포진되어 있어 세계 톱 클래스라고 해도 무방할 것이다.

Temasek Holdings는 2030년까지 투자 포트폴리오에 '이산화탄소의 배출량을 50%로 삭감하겠다'는 방침을 결정, 투자기업들에게 적극적으로 탈탄소를 요청하기 시작했다. 또한, 일본의 제일생명보험이나 호주의 공모산업연기금인 'Cbus'와 함께 ESG 정보의 공개

기준을 만드는 SASB의 투자자 어드바이스 그룹의 아시아 대표로도 참가하고 있다.

Temasek Holdings는 '싱가포르 국민의 경제 후생을 최대화한다'는 수탁자 책임을 가지고 있다. 운용기관으로서 높은 수익을 추구하는 것은 당연하지만, 이와 더불어 지구 온난화로부터 국민들을 지키는 일도 조직 미션으로 책정되어 있다.

1965년 건국한 싱가포르는 경제성장 과정에서 공해 등에 시달린 선진국을 반면교사로 삼아 환경보호와 양립할 수 있는 경제성장 방법을 모색해 왔다. 매립지가 많은 인공적인 국가이기 때문에 온난화의 진전으로 해수면이 상승하게 되면 수몰 위기에 처할 수도 있게 된다. 그만큼 ESG 투자는 Temasek Holdings의 입장에서는 존재의의를 상징하는 것이기도 하다. 아시아의 ESG 투자 물결 속에서 Temasek Holdings가 담당하는 역할은 한층 더 커질 것 같다.

4. 시장의 중심에 위치한 NGO / NPO

1) 필요한 조사능력과 지식

본서를 여기까지 읽어 본 사람이라면 잘 알겠지만 ESG 투자에 관해서는 비정부조직(NGO)이나 비영리조직(NPO)이라고 불리는 그룹들이 매우 큰 영향력을 가지고 있다. NGO는 경제의 글로벌화라는 부정적 요소로 간주되는 과점 및 양극화 확대를 문제시하며 대기업들에게 비판적 자세를 취해왔기 때문에, 사상적으로는 좌경화되어 있다고 생각하거나 자본주의경제 자체에 부정적인 존재로 인식하고 있었던 경향이 많았던 것 같다.

그러나, ESG 투자의 확대와 함께 기업의 환경 파괴나 인권 경시라고 하는 측면이 주목을 받자 NGO의 조사능력이나 지식 및 경험들이 주목받게 되었다. 다름 아닌 이러한 것들이 전통적인 기관투자자들에게 가장 부족했던 부분이었기 때문이었다. 기관투자자의 투자 철회를 다루었던 2장에서도 알 수 있듯이, 운용자가 매각을 결정할 때의 참고자료로서 NGO의 평가나 DB가 영향력을 가지게 된 것이다.

자본주의와 대립하는 것처럼 여겨져 온 단체들이 경제의 혈액이라고 할 수 있는 자금을 움직이는 시대가 도래했다. NGO는 어느새 자본시장 주변에서 중심으로 그 자리를 옮겨갔다. 그 중심점에는 ESG 투자가 있었다. 이 절에서는 NGO의 폭 넓은 영향력과 그 깊이를 보다 자세히 다루어 보도록 하겠다.

2) 기준 설정력의 강도

우선, 기준 설정력의 강도에 주목해 보도록 하자. 미국의 ESG 정보공개기준을 만들어 국제적 보급을 서두르고 있는 지속가능성회계기준위원회(Sustainability Accounting Standards Board: SASB)는 공적조직이 아니다. 2011년 하버드 비즈니스 스쿨의 연구 성과를 실천하기 위해 민간 회계사들이 자주적으로 설립한 NGO이다.

현재는 미국증권거래위원회(SEC)에 자신들이 설정한 기준을 공적인 정보공개에 채용하도록 압력을 행사하고 있다. 유럽 및 아시아 시장 관계자와도 활발히 교류하고 있으며, SASB 기준의 국제적 보급에도 힘쓰고 있다.

2020년 7월, 유엔 관련 조직으로서 '자연 관련 재무정보공개 태스크 포스(Taskforce on Nature-related Financial Disclosures: TNFD)'의 준비위원회가 발족했다. 삼림 파괴나 하천 오염, 거기에 수반하는 생물 다양성의 감소 등 여러 가지 자연 관련 리스크가 기업 재무에 미치는 영향 정보를 공개하는 기준 프레임워크를 결정하기 위한 조직이다. 이미 어느 정도 성공을 거두고 있는 기후 관련 재무정보공개 태스크포스(TCFD)를 참고로 하고 있긴 하지만 그 차이는 설립 주체에 있다.

TCFD를 주도한 것은 세계의 금융감독 당국 모임인 금융안정위원회(FSB)였지만, TNFD는 유엔개발계획(UNDP)과 유엔환경계획 금융이니셔티브(UNEP FI), 게다가 세계자연기금(WWF)과 영국 환경 NGO인 Global Canopy[71]였다. 금융 실무 담당은 프랑스의 대기업 은행인 BNP Paribas, 보험회사 AXA, 영국 Standard Chartered Bank 등이 참가하고 있으며, 2년 이내에 구체적인 기준이나 프레

71) https://globalcanopy.org

임워크를 구축할 예정이다.

ESG의 사고방식에는 삼림이나 하천 등을 경제에 빼놓을 수 없는 자연자본으로 간주하고 있다. 재무적 자본이 훼손되면 기업 경영이 흔들리게 되듯이, 자연자본이 파괴되고 줄어들게 되면 생산 활동에도 나쁜 영향을 끼치게 된다. 세계 경제를 뒤흔든 COVID-19 또한 자연자본의 파괴로 인해 동물의 서식지가 인간들의 거주지에 너무 가까워진 결과로 일어난 재앙이라 말하는 사람들도 있다.

자연자본을 대상으로 한 TNFD는 온난화 문제에 포커스를 맞춘 TCFD와 언젠가 통합될지도 모른다. 그렇게 되면 유엔과 세계 금융 감독 당국, 그리고 NGO가 혼연일체가 되어 금융시장의 표준을 이끄는 시대가 도래할 수도 있겠다.

3) 기업 활동에도 영향 – 팜유

NGO와 NPO의 기준 설정력은 실제 기업 활동에도 큰 영향을 미치고 있다.

여기서 잠시 팜유의 사례를 들고자 한다. 기름 야자에서 만들어지는 팜유는 같은 경작 면적에서 콩의 8배의 양을 얻을 수 있으며, 전 세계 연간 생산량은 7,000만 톤으로 식물성 유지의 30~40%를 차지한다. 사용 용도도 초콜릿이나 아이스크림, 인스턴트 면이나 스낵과자 등 다양하다.

하지만 이렇게 편리한 팜유가 최근 ESG 투자자들에게 큰 문제로

다가왔다. 생산량의 80% 이상을 차지하는 인도네시아와 말레이시아에서 삼림 벌채나 아동 노동문제가 심각했던 것이다.

이에 WWF나 영국과 네덜란드의 다국적기업인 Unilever의 주도로 2004년에 지속가능한 팜유를 위한 원탁회의(RSPO: Roundtable on Sustainable Palm Oil)라는 단체를 만들어 삼림 벌채나 아동 노동문제를 일으키지 않고 생산하고 있는 팜유의 인증제도를 시행했다.

지금은 전 세계 식품 제조사들은 경쟁적으로 RSPO 인증을 획득하려 애쓰고 있으며, 닛신식품이나 아지노모토 등 일본 대기업들도 예외는 아니다. 왜냐하면 유럽 시장으로의 수출에는 RSPO 인증이 필수적이기 때문이다. 식품 제조사에 투자하는 ESG 투자자들에게도 필수적인 체크 항목이기 때문에 인증 취득이 주가에도 영향을 미치는 것은 너무나도 당연하다.

4) 조사 및 평가 기능의 향상

그러한 ESG 투자자들을 조사하여 실제 환경문제 등을 중시하면서 활동하고 있는지를 평가하는 것도 NGO의 일이다. 이미 살펴본 기준 설정력과 더불어 조사 및 평가 기능도 최근에 NGO가 행하는 큰 역할 중 하나이다.

본서에서 몇 번이나 등장하고 있는 WWF는 자산운용회사의 ESG 투자 상황을 분석하는 툴을 개발했다. RESPOND(Resilient and Sustainable Portfolios that Protect Nature and Drive Decarbonisation)[72]라 불리는 프로젝트로서 2020년 1월에 발표된 첫 조사에서는 22개 자산운용사가 대상이 되었다. 그 내역은 아래와 같다.

Fidelity, International Schroders, Amundi, Robeco, Legal and General Investment Management(LGIM), HSBC Global Asset Management, BNP Paribas Asset Management, UBS Asset Management, Pictet, AXA Investment Managers, Aviva Investors, Allianz Global Investors, APG Asset Management, Aberdeen Standard Investments, M&G Investments, Aegon Asset Management, NN Investment Partners, Nordea Asset Management, Baillie Gifford, DWS Group, Ostrum Asset Management, Union Investment Group.

이 분석에는 WWF가 독자적으로 개발한 Purpose, Policies, Processes, People, Products, Portfolio의 6개 분야의 기준(six-pillar framework)에 근거하여 각 사의 ESG 투자 상황을 평가하고 있다.

전반적으로 Purpose, Processes, Products의 대응에는 뛰어나지만 전체적인 포트폴리오 부분에서 배출되는 온난화가스의 배출량을

72) https://www.resilientportfolios.org/about-us

파리협정 목표와 부합시키기에는 구체적인 방법이 부족하다는 등의 지적을 받고 있다.

또한 지역별로는 아시아 투자처의 움직임을 보다 적극적으로 강하게 요구하고 있다. 여기서 조사 대상이 되고 있는 Fidelity Investments나 Schroders 등의 자산운용회사를 자산 관리자(asset manager), 그러한 회사에 운용을 맡기는 연기금 등을 자산 소유자(asset owner)라고 언급한 적이 있었다.

관리자는 소유자로부터 가능한 한 많은 자산운용을 수탁하려 경쟁하고 있으며, 소유자가 ESG 중심으로 기울게 되면 관리자는 이에 따라야 한다. WWF는 RESPOND의 이용을 자산 소유자에게도 넓혀 가고 싶은 의향인 것 같다.

일본의 어느 기업 IR 담당자와 이야기를 해 보면 "2020년부터 주주들에게 ESG 관련 요구가 갑자기 엄격해졌다"라는 소리를 자주 듣는다고 한다. 그리고 2020년부터 ESG 관련 기사가 급증하고 있다는 것은 1장에서도 언급했을 것이다. WWF라는 강력한 NGO에 의한 자산운용사의 평가가 본격적으로 시작된 것도 영향을 미쳤을 수 있을 것이다.

5) 강력한 인플루언서

NGO의 조사 및 평가 기능이 높아지고 있는 사례를 하나 더 들도록 하겠다.

PRI를 제정한 유엔 환경계획 금융이니셔티브(UNEP FI)는 환경 및 인권 문제에 배려한 융자를 요구하는 책임은행원칙(PRB: Principles for Responsible Banking)이라는 지침도 만들었다. 2019년에 발족하여 일본의 메가뱅크 4개 은행을 포함한 세계 131개의 은행들로 시작되었다.

지금은 가맹 은행들에게 원칙을 준수하도록 독려하는 시민사회 자문기구를 설립하려 준비하고 있다. 북미, 중남미, 유럽, 중동 아프리카, 아시아 태평양 등의 지역은 물론 기후, 생물다양성과 생태계, 인권과 젠더, 빈곤과 사회문제 투명성과 설명책임, 유통판매와 중소기업, 종업원 등의 분야로부터 관계자들을 초빙할 예정이지만, 여기에서도 그 활약이 기대되는 것은 NGO와 NPO의 멤버들이다.

이렇게 보면 NGO나 NPO라는 존재가 예전과는 전혀 다른 것임을 잘 알 수 있을 것이다. 일본의 기업 사회에 깊숙이 젖어 있는 일반인들의 눈에는 그저 흔해 빠진 조직일지 모르지만, 글로벌 시각으로 보면 자본시장의 중심 플레이어이며, 강력한 '인플루언서'이기도 하다.

NGO에 참가하는 구성원들도 일반적으로 생각되고 있는 그런 인재들과는 사뭇 다르다. 개발경제나 환경문제 관련으로 박사학위를 소지한 연구자나 경영학 석사학위 취득자도 많이 있다.

세계적인 금융 인재를 배출하고 있는 하버드 비즈니스 스쿨의 교수진으로부터 "옛날 월가는 지금의 NGO"라는 이야기도 들었다.

세상을 바꾸는 자극적인 일도 할 수 있으며, 금전적 보수도 일정하게 받을 수 있는 인기 취업처가 극적으로 바뀌고 있다는 내용이다. 이러한 흐름은 조만간 일본에서도 본격적으로 시작될 것이라 생각한다. ESG는 돈의 흐름뿐만 아니라, 사람의 움직임도 크게 바꿔주고 있는 것이다.

5. ESG가 필요 없어지는 날

1) 두 가지 퀴즈로 이해하기

'ESG는 진화한다'고 제목을 붙인 본 장의 마지막 구절에 와서 갑자기 '사라진다'란 무슨 말인가 혼란스러워하는 사람들이 많을 것 같다. 하지만 이것이 본서가 궁극적으로 전하고자 하는 메시지이다. '사라진다'라는 말이 반드시 부정적인 의미로 쓰여진 것이 아니라는 필자의 생각을 설명하고자 한다.

먼저, 아래의 퀴즈를 통해 이해해 보도록 하자.

【Q1】 2020년 10월 말 현재, 아래의 종목들이 편입종목 상위에 위치한 투자신탁이 있다. 어떤 운용을 표방하고 있는 상품일까?

Amazon.com (미국, 편입비율 8.6%)

TAL Education Group (중국, 6.9%)

ServiceNow (미국, 6.8%)

Mastercard (미국, 6.5%)

Adobe (미국, 5.9%)

Zoom Video Communications (미국, 5.6%)

HDFC Bank (인도, 5.4%)

Visa Card (미국, 4.0%)

Salesforce.com, (미국, 4.0%)

Uber Technologies (미국, 3.8%)

중국이나 인도 기업들은 생소할지 모르겠으나 아마존이나 마스터카드, 어도비 등 우리들에게 친숙한 IT회사나 금융 관련 회사가 줄지어 있다. 글로벌 테크라든지, IT 강자와 같은 투자신탁회사를 떠올리는 사람도 적지 않을 것 같다.

해답을 보기 전에 아래의 퀴즈를 하나 더 풀어보도록 하자.

【Q2】 아래와 같은 자금운용 방침을 내걸고 있는 투자신탁이 있다. 어떠한 타입의 상품을 말하는 것일까?

기업의 장기적이고 지속적인 성장을 평가하기 위해서는 '비가시적 가치'가 무엇보다 중요하다고 생각한다. 가시적인 재무정보뿐만 아니라 기업문화나 경영능력, 이해관계자와의 커뮤니케이션 등 비가시적 가치에도 주목해 투자기업을 엄선하고 있다.

구체적으로는 '5개의 축'에 근거하여 투자기업을 선정 및 평가하고 있다. 여기에서 5개의 축은 수익력, 경쟁력, 경영능력, 커뮤니케이션 능력, 기업문화를 말한다. 비가시적 가치나 이해관계자와의 커뮤니케이션 등의 단어로부터 우리들은 ESG 투자 혹은 지속가능 투자가 아닐지 생각할지도 모르겠다.

2) 해답과 해설

【Q1】은 일본의 Asset Management One이 운용하는 '글로벌 ESG 하이퀄리티 성장 주식펀드'로서 애칭은 '미래의 세계(ESG)'이다. 2020년 일본에서 가장 많이 팔린 펀드 중의 하나이며, 설정부터 해약을 공제한 자금유입 초과액은 7,700억엔에 이르렀다.

이 펀드의 소개자료를 살펴보면 포트폴리오 구축을 위해 적극적인 ESG 과제에 대한 대처와 그 과제해결을 통해 해당 기업의 경쟁우위성이 지속적으로 유지되고, 성장이 기대되는 종목에 주목한다고 명기되어 있다.

원래 테크기업은 중화학공업 등에 비해 제조 설비 부분이 차지하는 비중이 적기 때문에 온난화가스 배출량이 적어서 괜찮다고 치부하는 경향이 있다. 더욱이 거기에 수익력이라는 점을 덧붙여 고려하면 미국의 거대 테크기업들이 많이 포함될 개연성은 매우 높아지게 된다. 다른 ESG 펀드도 이와 비슷한 기업들이 편입되는 경향이 강한 것 같다.

그렇다면, ESG나 지속가능 등의 어려운 단어는 생각하지 말고, '단순히 IT나 테크 관련의 개별 종목이나 펀드에 투자하면 되는 것이 아닌가'라고 생각하는 사람들도 있을 것이다.

【Q2】의 대답은 일본의 'Commons Asset Management'가 운용하는 'Commons 30 Fund'이다. 철저한 '보텀업 어프로치(bottom-up approach)[73]'를 활용한 개별 종목 조사를 기초로 하여 30개 종목을 선별한 장기투자펀드이다. 2009년 1월에 운영을 시작하여 2020년 10월까지 기준가의 상승률은 220%가 넘고 있으며, 개인 투자자들에게 꾸준한 인기를 끌고 있는 펀드 중 하나이다.

3) 왜, ESG가 유행하는 것일까?

두 개의 퀴즈를 통해서 여러분에게 전하고 싶은 내용은 자산운용에 있어서의 ESG와 지속가능이라는 분류, 즉 라벨링(labeling)의 의미이다. 2장에서 많은 기관투자자들이 환경이나 사회문제, 지배구조의 관점을 당연시하여 모든 기업 평가에 포함시키기 시작했다고

73) Bottom-up Approach란 개별 종목을 하나씩 쌓아올림으로써 포트폴리오를 구축하는 방법을 말한다. 즉, 운용사의 애널리스트나 펀드 매니저가 투자후보 기업의 펀더멘탈을 꼼꼼히 조사 및 분석하여 그 결과에 따라 투자신탁에 실제로 편입할 종목을 선택하고, 그 종목을 쌓아올림으로써 투자신탁 전체의 포트폴리오를 구축하는 방법이다.

설명했다. 즉, ESG 통합이다.

어떤 기업이라도 장기적 관점으로 보면 기후변화의 영향에서 자유로울 수 없으며, 종업원에게 부당 노동을 강요하는 것은 있을 수 없는 일이다. 이사회가 경영 집행을 제대로 모니터링하는 시스템도 구축할 필요가 있다. 즉, 기업 평가의 원점으로 회귀해 보면 ESG는 당연한 것을 상징적으로 표현하는 것에 지나지 않는다.

그렇다면 왜 세상에서는 ESG가 일종의 유행처럼 급속하게 번지게 된 것일까?

첫 번째는 온난화나 이상기후 문제가 여러 사건들로 '리얼'하게 다가와 우리들이 환경문제에 보다 민감하게 반응하게 된 것이다. 세계를 덮친 COVID-19는 종업원의 건강이나 안전 확보가 기업의 사회적 책임이라는 것을 다시금 일깨워 주었다.

두 번째는 ESG가 새로운 금융상품을 판매할 수 있는 절호의 기회를 제공하게 된 것도 부인할 수 없을 것이다. 특히, 펀드에 있어서 일본은 기본 금융상품의 장기 보유보다 시대 흐름에 부합하는 트렌드 테마의 펀드에 지속적으로 환승하는 스타일이 일반적인데, 이를 통해 증권사들은 반복되는 거래 수수료를 지속적으로 얻을 수 있었다.

사회자본의 정비, 인터넷, IT, 게놈, 환경, 사회적 책임, 바이오테크놀로지, 재생가능 에너지, 재생의료 등 과거 20년을 되돌아보면 다양한 테마의 펀드 상품들이 인기를 끌었으나 유행이 꺼짐과 동시에 사람들의 기억에서 서서히 잊혀져 간 것은 사실이다. 과거의 연장선상에서 ESG테마 또한, 결국 한순간의 유행으로 끝날 것이라는 회의적 시각으로 보는 시장 관계자들도 적지 않은 것이 사실이다.

첫 번째 이유로 언급한 환경이나 종업원에 대한 배려가 당연시되는 풍조가 만연해진다면 언젠가 그 유행은 끝날 것이기 때문에 두 번째 이유는 말할 나위도 없다. 쉽게 뜨거워지고, 쉽게 식어버리는 증권회사의 영업사원은 조만간 다른 펀드 판매 테마를 찾기 시작해야 할지도 모른다.

4) E와 S, 그리고 G를 이해하는 것에 따른 위화감

콜롬비아대학의 이토 타카토시 교수는 Nikkei Financial(2020년 10월 16일)에서 ESG에 대해 다음과 같이 언급했다.

> "경제학적으로 보면 ESG의 3 요소를 함께 논의할 의미는 전혀 없다. 한편 재무이론의 입장에서는 ESG에 투자함으로써 투자 수익률이 ESG를 무시한 투자보다 높아질지 낮아질지가 문제된다. 높아질 것이라 생각하고 투자하는 사람과 사회에 공헌할 수 있다면 낮아도 상관없다고 생각하는 사람이 혼재하고 있을 가능성이 있다. E를 배려하지 않는 기업은 갑작스러운 규제 변경이나 소송의 대상이 되기 쉽기 때문에 갑자기 기업가치를 잃을 리스크도 존재한다. E를 배려

하는 기업은 장기적 관점으로 보면 그 리스크는 낮을 것이다. 만약 S와 G를 고려한 경영을 하지 않으면 이익률도 낮아지기 때문에 결국 ESG 투자는 장기적인 관점에서 수익률을 높일 수 있을 것이다. 그러나, 경제학적으로는 왜 ESG가 하나로 묶여서 통용되는지가 불분명하고, 재무적으로는 수익이 높아질 것인지, 아니면 낮아질 것인지를 명확하게 정리하지 않은 상태로 투자만 선행되고 있다. 따라서 ESG 투자는 '오월동주(吳越同舟)'에 비유할 수도 있겠다."

이토 교수가 주장하려는 취지는 기업이 환경이나 사회문제에 배려할 필요가 없다는 점을 강조하는 것은 결코 아니다. 단지, E나 S의 요소, 여기에 G까지 포함한 '하나의 묶음 상품'으로서 투자 아이디어로 활용하고 있는 것에 의문을 제시하고 있는 것이다. 필자도 마찬가지로 이러한 위화감을 항상 갖고 있었다.

5) ESG라는 용어는 사라져도 여전히 남아 있는 과제

ESG는 금융기관들이 모여 시장이 수용하기 쉽도록 용이성을 고려한 조어이다. 그런 의미에서 필자는 2000년대 세계적으로 붐을 일으켰던 'BRICs(브라질, 러시아, 인도, 중국)'를 떠올린다. 지금이야 BRICs라는 용어를 사용하는 사람은 거의 없겠지만, 중국이나 인도 등 신흥개발국의 중요성은 당시보다 훨씬 높아지고 있다. BRICs를 계기로 주목받았던 다른 신흥국 및 개발도상국들도 여전히 투자 대

그림 1-1 'BRICs' 단어를 포함한 기사 수의 추이

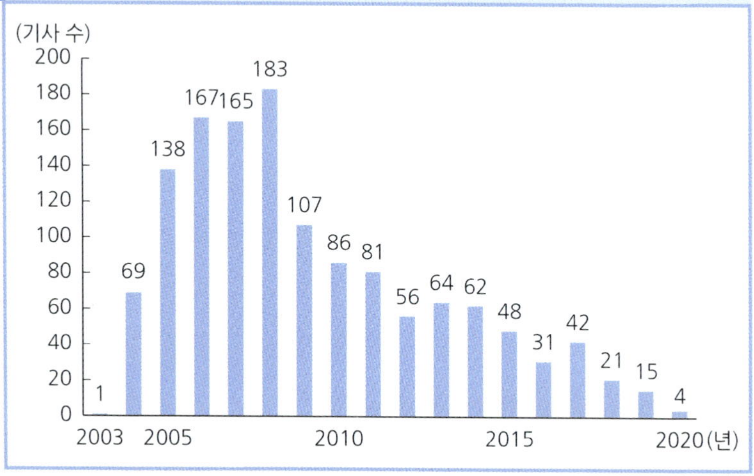

출처: Nikkei telecom, 닛케이 조간 기사 수 2020년 1월~11월

상으로 거론되고 있기 때문이다.

BRICs라는 단어를 포함한 일본경제신문의 기사 건수를 검색해 보면 처음 등장한 2003년의 1개에서 출발해 2007년부터 2008년에 걸쳐 급증, 그 후 점차 줄어들기 시작해 2020년은 4개에 불과했다. 제1장에서 언급한 ESG라는 단어를 포함한 기사 건수의 추이 그래프와 비교해 보면 무엇인가 시사하는 바가 크다고 생각된다. 비록 BRICs라는 단어가 사라졌다 할지라도 그 의미가 전하는 신흥국과 개발도상국의 부상을 고려하지 않고서 더 이상 글로벌 경제를 거론할 수 없는 시대가 되었다.

ESG 또한 투자 아이디어로서의 유통기한이 지나버리면 잊혀질 지도 모른다. 하지만, 기업이 환경과 사회의 다양한 문제를 계속 마주하고 비즈니스의 힘으로 그것을 해결해야 함에는 변함이 없다.

제 6 장

ESG 용어에 대한 기초지식

Environment

Social

Governance

[Alphabet Soup 문제]

1. 국제조직과 연구기관
2. 투자 관련
3. NGO와 NPO
4. 금융, 시장감독, 그리고 정보공개

Alphabet Soup 문제

ESG에 관해 누구나 느끼는 생각 중 하나가 알파벳을 조합한 조어가 너무 많이 난무하고 있다는 것이 아닐까 싶다. ESG 또한 Environment(환경), Social(사회), Governance(지배구조)의 세 개 단어의 첫 알파벳 문자로 구성된 것이다.

금융세계에는 '알파벳 수프'라고 불리는 문제가 존재한다. 본래는 알파벳 모양의 작은 파스타 국물을 말하며, 이를 'ABC 수프'라고도 부른다. 수프를 휘저으면 알파벳 조각들이 떠올랐다가 가라앉고, ADC, XGU, BOR, ZML 등 다양한 단어가 수프 컵 안에 나타났다가 사라진다.

움직임이 빠른 자본시장에서도 알파벳 수프를 방불케 하는 조어가 속속 등장했다 사라진다. 비교적 최근의 예로, 2008년 리먼 브라더스 사태 때 문제가 된 복잡한 금융거래 구조를 들 수 있겠다. CDO(부채담보부증권), ABS(자산유동화증권), CDS(신용파산스왑) 등의 새로운 전문용어들이 매일 미디어에 등장해 혼란스러워하는 사람들도 많았을 것이다.

이러한 조어들은 매우 중요한 개념을 내포하고 있는 경우가 많은데, 제대로 이해하지 못한 채 알파벳들만 난무하여 깊은 논의를 이끌어 갈 수 없는 경우도 많았을 것이다. 이것이 바로 알파벳 수프의 문제인 것이다.

ESG도 이와 같은 문제들이 발생하고 있다. 주로 구미에서 발달된 개념이기에 영어가 많고, 그것이 제대로 이해되지 못한 채 미디어에 등장하고 있다는 인상을 지울 수 없다. ESG에 대해 회의적인 생각을 가진 사람들이 적지 않은 것도 바로 '알파벳 수프' 문제에 있다고 생각하고 있다.

이에 본 장에서는 본서에 등장한 단어를 중심으로 알파벳으로 표현된 ESG 용어를 정리해 보았다. 본서의 복습이나 용어집으로 활용해 주면 감사하겠다.

1. 국제조직과 연구기관

PRI (책임투자원칙) Principles for Responsible Investment	투자자들에게 ESG를 중시한 자금 운용을 재촉하는 원칙으로 2006년에 당시 유엔 사무총장이던 코피 아난(Kofi Annan)이 주도해 이 원칙을 만들었다. 사무국을 맡는 조직은 The PRI이며, 유엔 지원은 받고 있지만 직접적인 관련 조직은 아니다.
PSI (지속가능보험원칙) Principles for Sustainable Insurance	PRI의 보험 버전으로 2012년에 책정, ESG 과제 해결에 도움이 되는 보험 업무를 요구하고 있다.
PRB (책임은행원칙) Principles for Responsible Banking	PRI의 은행 버전으로 2019년에 책정, 일본 메가뱅크들도 서명, 기후변화나 생물 다양성을 고려한 융자를 요구하고 있다.

UNEP FI (유엔 환경 계획 금융 이니셔티브) UN Environment Programme Finance Initiative	지속가능발전을 위한 금융부문의 역할을 수행하기 위해 1991년 유엔환경계획(UNEP)과 세계 주요 금융기관들이 공동으로 결성한 국제 파트너십이다. 1992년 은행업계가 UNEP Financial Institutions Initiative를 출범, 1995년 보험업계에서 UNEP Insurance Industry Initiative를 출범, 2003년 두 이니셔티브가 통합되고 자산운용사 및 연기금 등이 참여해 현재에 이르렀다.
AMWG Asset Management Working Group	UNEP FI이 조직한 자산운용사 그룹으로서 BNP Paribas와 시티그룹의 운용 부문 등 세계 12개사가 참가, PRI의 구체적인 방침 작성에 영향을 끼쳤다.
UNCTAD (유엔무역개발회의) United Nations Conference on Trade and Development	PRI, UNEP FI, UN Global Compact와 함께 2009년의 SSEI(지속가능한 증권거래소 이니셔티브, Sustainable Stock Exchanges Initiative) 설립을 지지하였다.
UNDP (유엔개발계획) United Nations Development Programme	개도국에 대한 유엔의 개발 원조계획을 조정하기 위한 기관인데, 유엔특별기금(UNSF)과 확대기술원조계획(EPTA)을 통합하여 1966년 1월 발족됐다. 원조계획을 결정하는 집행이사회는 선진국 12개국과 한국을 포함한 개도국 24개국으로 구성되어 있다. 사무국은 뉴욕에 소재한다. UNEP FI, WWF(세계자연기금) 등과 함께 2020년에 TNFD(자연 관련 재무정보공개 태스크포스)를 설립하였다.
MDGs (밀레니엄 개발 목표) Millennium Development Goals	유엔의 밀레니엄 개발 목표로서 2000년 9월 채택되었다.

SDGs (지속가능 개발 목표) Sustainable Development Goals	MDGs를 종료한 후 2015년 채택, 2016~2030년에 달성해야 할 17개 주요 목표와 169개 세부 목표로 구성되어 있다.
UNDRR (유엔 재난위험 경감 사무국) UN Office for Disaster Risk Reduction	자연재해 피해를 경감시키기 위한 국제협력을 추진하기 위한 국제기관인데, 최근의 이상기후에 따른 재해의 빈발로 주목을 끌고 있다.
COP (기후변화 당사국 총회) Conference of the Parties	지구 온난화로 인한 장기적 피해를 줄이기 위해 1992년 유엔환경개발회의에서 체결한 기후변화협약의 구체적인 이행 방안을 논의하기 위해 매년 개최하는 당사국들의 회의로서 1995년 3월 제1차 총회가 열렸다.
WEF (세계경제포럼) World Economic Forum	다보스 포럼을 주재하고 있으며, 자본주의 리셋을 제창하였다. 포럼의 기업위원회인 IBC(국제비즈니스위원회)는 21개의 핵심 지표로 이루어진 '이해관계자 자본주의 측정지표'를 발표하였다.
GSIA (글로벌지속가능 투자연합) Global Sustainable Investment Alliance	2014년 유럽, 호주, 캐나다, 영국, 미국, 일본, 네덜란드의 지속가능투자연합 기관들이 함께 설립한 조직으로, 멤버십을 바탕으로 상호 간 네트워크와 협력 강화, 공동의 이니셔티브 수행을 위한 협의체이다. 본서에 자주 인용 및 소개되는 '세계 전체의 ESG 투자 규모는 31조 달러'라는 데이터는 이 연합의 통계에 의한 것이다.

2. 투자 관련

SRI (사회적 책임투자) Socially Responsible Investment	2000년 전후 주로 유럽에서 보급, SRI와 ESG는 전혀 별개라는 시각도 있지만 적어도 유럽의 유력 투자자들은 명확하게 구별하지 않고 있다. 토니 블레어 전 영국 총리가 추진한 것으로도 알려져 있다.
CSR (기업의 사회적 책임) Corporate Social Responsibility	기업의 ESG 대응 기능으로서 주목을 받음. 회사에 따라서는 자선 행사적인 성격도 가지지만, 현재는 시장에의 정보발신 역할로서 필수적인 요소로 인정받고 있다.
GPIF (후생연금펀드) Government Pension Investment Fund	일본의 ESG 투자의 선도역할을 담당하는 세계 최대의 연금투자자로서 이 법인이 2015년 PRI에 서명함으로서 일본에서 ESG의 확대가 가속되는 계기를 제공했다.
NBIM (노르웨이은행투자운영회) Norges Bank Investment Management	노르웨이의 정부계 연금운용 부문을 담당하며, ESG 투자를 강력하게 추진 중에 있다. 탈탄소 관점에서 과감한 투자 철회를 실행하는 것으로도 알려져 있다.
MSCI Morgan Stanley Capital International	미국의 금융 서비스 회사이며, 1999년부터 ESG 평가를 하고 있다. MSCI ESG 평가는 공개된 기업 정보, 정부DB, 매크로데이터 등을 활용해 실시되며, 피평가기업은 정보 검증과정에 참여할 수 있다.

S&P Standard & Poor's	미국의 신용평가기관이며, 1999년 다우존스 지속가능경영지수(DJSI: Dow Jones Sustainability Indices)를 개발하여 매년 평가 결과를 발표하고 있다. 피평가기업이 설문지에 답변한 내용을 기반으로 평가를 실시하며, 공통 평가항목과 산업별 항목으로 구분된다.
FTSE Russell	영국의 지수 산출 회사로 유럽에서 SRI가 시작되었을 무렵부터 기업의 사회적 책임을 조사하여 지수를 산출하여 있다. MSCI 및 DJSI와 함께 3개 ESG 지수로 인정받고 있으며, 유럽 시장을 대표하는 지수로 분류된다.
CSV (공유가치창출) Creating Shared Value	마이클 포터 교수가 2011년에 제창한 것으로 자선 활동이 아닌 기업의 본업을 통한 사회문제 해결이 가치를 낳는다는 생각인데, 이는 ESG와 공통분모를 가진다.
LGBT+	레즈비언(Lesbian), 게이(Gay), 양성애자(Bisexual), 트랜스젠더(Transgender) 및 그 이외의 성적 지향자(Plus)를 지칭한다. 나스닥은 상장기업들에 대해 적어도 1명은 이사회 멤버에 추가하도록 요구하고 있는데, 이는 인적자본의 다양성을 나타내는 것으로서 ESG 투자자도 급속히 주목하게 되었다.

3. NGO와 NPO

WWF (세계자연기금) World Wildlife Fund	세계 최대 환경단체로서 각국의 금융당국과의 제휴를 통해 금융진흥책에도 협력하고 있다. RESPOND(Resilient and Sustainable Portfolios)라는 운용회사의 탈탄소 정도를 진단하는 툴도 개발하여 공개하고 있으며, ESG 투자자의 운용 방침에도 영향력을 행사하고 있다.
RAN Rainforest Action Network	삼림 보호 등을 호소하는 세계적인 조직으로서 세계 금융기관들이 어느 정도 팜유 사업 등에 투융자하고 있는지를 나타내는 DB인 '삼림과 금융'을 구축하였다.
GCEL (세계탈탄소 리스트) Global Coal Exit List	독일의 환경 NGO 'Urgewald'가 작성, 세계 약 800개사의 석탄 사업에 대한 관여도를 조사, 등급을 설정하고 있다. 2017년부터 공개되기 시작해 2020년판은 전 세계 935개사를 게재하였다.
RSPO (지속가능한 팜유산업 협의체) Roundtable on Sustainable Palm Oil	WWF 등이 중심이 되어 2004년에 설립된 환경인증조직. RSPO 인증을 취득한 팜유는 전체량의 20% 정도로 알려지고 있으며, 유럽 시장 공략에는 필수요소이기 때문에 전 세계의 식품 제조사 등이 인증 취득을 서두르고 있다.

4. 금융, 시장감독, 그리고 정보공개

EU (유럽연합) European Union	ESG를 유럽 지역 내 금융활성화 전략에 적용하고 있으며, 탈탄소를 경제부흥에 연결하려는 'Green recovery'를 추진 중이다. 최근 몇 년간 환경보호 동참 여부로 경제활동을 분류하는 taxonomy(분류체계) 개발을 추진하고 있다.
ECB (유럽중앙은행) European Central Bank	크리스틴 라가르드 총재 하에 환경채권 구입 등 그린 금융완화를 모색하고 있다.
SEC (미국 증권거래위원회) Securities and Exchange Commission	미국 내 자본시장을 감독하는 기관. 바이든 대통령 하에 미국의 ESG 정보 공개를 의무화할지가 초점으로 대두되고 있다.
FSB (금융안정위원회) Financial Stability Board	세계의 금융감독당국으로 구성, 금융시스템 안정을 위한 관점에서 환경문제를 조사하고 있다. 카니 전 의장의 리더십으로 기업이나 금융기관이 기후변화 위험을 분석, 공개하기 위한 시스템 TCFD(Task Force on Climate-Related Financial Disclosures, 기후변화 관련 재무정보 공개협의체)를 출범시켰다.
IOSCO (국제증권관리위원회) International Organization of Securities Commissions	세계의 시장 감독당국으로 구성, ESG 투자의 동향이나 정보공개를 주시하고 있다.
NGFS (녹색금융 네트워크) Network for Greening the Financial System	세계의 금융 및 시장 감독당국으로 구성, 2017년 출범하였으며, 기후변화가 금융 시스템에 미치는 영향 등을 조사하고 있다

SASB (지속가능성 회계기준위원회) Sustainability Accounting Standards Board	미국의 회계관계자로 구성된 민간조직으로, ESG 정보공개 기준을 구축하였다. 중요과제(materiality) 개념 제창, 투자자의 의사 결정에 도움이 되는 ESG 정보공개를 진행해 왔다. 자문조직에 미국 이외의 기업이나 운용회사도 초청하는 등 유럽이나 아시아로의 전개도 의식하고 있다.
GRI (글로벌 리포팅 이니셔티브) Global Reporting Initiative	네덜란드에 본부를 두고 있으며, ESG 공개 기준 작성을 진행하고 있다.
IIRC (국제통합보고위원회) International Integrated Reporting Council	영국에 본부를 둔 회계사 등의 전문 조직으로서 자연자본이나 인적자본 등 자본 개념의 확장을 제창하였다. 일본 기업 사이에 보급된 통합 보고서의 원형을 만든 것으로도 알려져 있다. 미국 SASB(Sustainability Accounting Standards Board)와 합병, 2021년 6월 VRF (Value Reporting Foundation)를 설립하였다.
SSEI (지속가능한 증권거래소 이니셔티브) Sustainable Stock Exchanges Initiative	미국 나스닥 등이 중심이 되어 2009년 설립. 각국의 증권거래소를 통해 ESG 정보공개를 촉구하고 있다.
JPX (일본거래소그룹) Japan Exchange Group	일본의 도쿄증권거래소 등을 통합하는 단체. 일본 기업의 ESG 정보공개를 촉진하고 있으며, SASB 정보 보급에도 힘을 쏟고 있다.
MAS (싱가포르 통화청) Monetary Authority of Singapore	금융센터 진흥을 위해 핀테크와 ESG 투자의 융합을 구상하고 있으며, Green Bond 시장 육성에도 힘쓰고 있다.

여행을 마치며: COVID-19와 ESG

2020년은 COVID-19의 재앙이 세계 경제를 뒤덮은 한 해였지만, 글로벌 자본 시장에서 ESG의 큰 파도가 몰아친 해이기도 했습니다. COVID-19와 ESG라는 두 가지 현상은 독립적인 것이 아니라 밀접하게 서로 연관되어 있다고 생각합니다.

치명적인 바이러스 발생의 배경에는 인류가 자연을 파괴하여 경제 활동을 방만하게 확대한 것에 의한 생태계의 파괴가 있다는 가설이 있습니다. 무차별적인 자연 개발로 원래 접촉할 일이 없었던 동물과 인간의 거리가 너무 가까워져 감염의 계기가 되었다는 지적들도 들려옵니다. 어쨌든, COVID-19는 인간이 자연과는 무관한 존재가 아님을 재차 확인시켜 주었으며, 지구 온난화나 생물의 다양성이라는 ESG의 E(환경)의 중요성을 일깨워 주었습니다.

더욱이 치명적인 감염증은 사회나 조직 안에서 힘이 상대적으로 약한 사람들을 궁지에 몰아넣었습니다. 비정규직 직원들은 일자리를 잃게 되었고, 공급망의 하청 노동자들은 위험을 무릅쓰고 일해도 임금 체불이라는 부조리를 강요당했습니다.

가진 자와 못 가진 자의 경제 격차는 더욱 벌어져 사회적 분단은 보다 심각해졌고, 이제 정치의 포퓰리즘은 세계 어디서나 볼 수 있는 현상이 되어버렸습니다. ESG의 S(사회)가 추궁 당하고 있는 것입니다.

또한, 실적이 악화된 기업은 경영 재건을 위한 신속한 의사결정이 필요하고, 각국은 경제 부흥을 위한 국제 협조를 필요로 하게 되었습니다. ESG의 G(지배구조) 또한 재구축이 필요할 때인 것입니다.

백신 접종이 서서히 시작되자 우리들은 신형 코로나 이후의 세계에 대해서도 고민하게 되었습니다. 바이든 미국 대통령은 선거 때부터 '재건정책(Build Back Better)'을 주창해 왔습니다. 이는 동일본 대지진을 경험한 일본이 계속 주창해 온 이상과 부합하며, 유럽의 '그린 정책(Green Deal)'의 이념과도 일맥상통합니다.

2021년은 전 세계가 보다 나은 사회 건설을 향한 발걸음을 내딛는 해가 될 것이며, ESG는 이를 뒷받침하는 하나의 이념이 될 것입니다. 국제연구기관인 'Global Carbon Project'에 의하면, COVID-19로 인한 경제 정체로 2020년의 지구 전체 이산화탄소 배출량은 24억 톤이나 감소했다고 합니다.

큰 경제 혼란을 야기시킨 세계 금융위기 직후인 2009년의 감소량은 5억 톤, 제2차 세계대전 말기에도 10억 톤이 조금 못 미쳤다고 하니, COVID-19의 충격이 얼마나 컸는지 잘 알 수 있을 것입니다.

신형 코로나 이후의 인류는 이산화탄소를 줄이면서 경제활동을 한시라도 빨리 이전의 생태계로 되돌릴 수 있는 난도 높은 부흥을 이루어내야 합니다. 탈탄소와 재생 에너지로의 전환을 요구하는 '머니'의 힘은 지금 이상의 것을 요구할 것입니다. 대체에너지 개발 기술을 향한 벤처

투자도 보다 활발해질 것임에 틀림없습니다.

COVID-19의 백신 접종에 있어서 부유한 선진국의 경우 백신이 충분히 확보되고 있으나, 자금력이 부족한 신흥국이나 개발도상국들은 접종에 어려움을 겪고 있다는 문제가 대두되고 있습니다. 국제기관들이 글로벌 'Impact Fund' 조성을 통해 백신을 구입하여 개발도상국 등으로 지원하는 관련 제도의 구상은 가능하지 않을까요? 아마 여기서도 ESG 머니는 큰 역할을 담당하게 될 것입니다.

COVID-19의 재앙은 경제활동 본연의 자세와 자본주의 형태에 대한 재고를 촉구했습니다. ESG가 상징하는 '이해관계자 자본주의(stakeholder capitalism)'는 새로운 자본주의를 고민하는 데 있어 중요한 시각을 제공했습니다.

또한, ESG는 금전적인 자본 외에도 자연자본과 인적자본 등 다양한 자본이 있다는 것을 알려주었습니다. 이러한 자본 개념의 확장화는 협의의 금융자본만을 중시하는 '주주 자본주의(shareholder capitalism)'를 극복해 가기 위한 토대를 제공했습니다.

본서의 머리말 부분에 'ESG는 여행'이라고 표현했습니다. 애프터 코로나의 세계에서도 이러한 여행은 계속될 것입니다. 투자 아이디어로서 언젠가 ESG가 싫증나 주식이나 채권의 매매 테마로서 사라져버린다 할지라도 지속가능한 경제활동을 다각적으로 고려하지 않으면 안 된다는 것에는 변함이 없습니다.

본서의 구상과 충실한 내용 구성을 위해 많은 분들로부터 지견을 공유했습니다. COVID-19로 인한 이동 제약으로 대부분의 취재가 온라인으로 이루어졌기 때문에 오히려 국경을 넘은 인터뷰 취재가 쉽게 이루어진 측면도 틀림없이 있습니다. 온라인 시대는 가까운 사람들과 소원해지는 대신, 먼 사람들과 연결되기 쉬워지는 것 같습니다.

옥스퍼드대학교의 로버트 에클스 객원교수, 미국 증권거래위원회 메리 샤피로 전 위원장, 하버드대학교 리베카 헨더슨 교수, 하버드 비즈니스스쿨 로버트 세라훼임 교수 등과 논의할 수 있었던 것은 금융 저널리스트로서 정말로 소중한 경험이 되었습니다.

닛케이 BP일본경제신문출판본부의 호리구치는 바쁜 12월에도 본서 편집을 담당해 주었습니다. 아내 마사코는 책을 집필할 때마다 많은 도움을 받고 있습니다.

너무나 고마웠습니다.

2021년 1월

코다이라 류시로

ESG 이해에 도움되는 강추하는 국내자료

• ESG Handbook 〈Basic〉

사회적가치연구원이 2021년 2월에 발간한 무료 핸드북인데, ESG와 관련된 기관, 이니셔티브, 동향, 용어들이 자세히 정리되어 있다.

[자료 다운로드] https://socialvalue.re.kr/esghandbook/index.html

• 지금 바로 쓰는 ESG 전략

삼성증권에서 작성한 연구자료인데, 해외 ESG 평가기관의 평가방법론 등이 자세히 설명되어 있다.

[자료 다운로드] 구글에서 '지금 바로 쓰는 ESG 전략'으로 검색하면 'MSCI ESG 스코어 개괄-삼성증권으로 결과가 나오는데, 이를 클릭하면 된다.

• ESG의 부상, 기업은 무엇을 준비해야 하는가?

삼정KPMG 경제연구원에서 작성한 연구자료인데, ESG와 관련된 전반적인 자료가 잘 정리되어 있다.

[자료 다운로드] 구글에서 'ESG의 부상, 기업은 무엇을 준비해야 하는가?'로 검색한다.

• 한국기업들의 ESG 경영을 위한 변화 I

딜로이트 안진회계법인이 작성한 연구자료인데, ESG 주요 평가지표와 ESG 전략 수립에 대한 프로세스가 정리되어 있다.

[자료 다운로드] 구글에서 '한국기업들의 ESG 경영을 위한 변화 I'로 검색한다.

• 대한상공회의소

대한상공회의소 홈페이지의 'ESG경영' 메뉴로 들어가면 ESG 전반에 대한 강의영상 및 교재, 그리고 ESG경영포럼 자료를 볼 수 있다.

[자료 다운로드] http://www.korcham.net/nCham/Service/Economy/appl/EsgList.asp

저자 소개

코다이라 류시로 (小平 龍四郎)

1988년 일본 와세다대학 졸업 후 일본경제신문사 입사, 증권부 기자로서 30년간 일본과 해외 금융기관 시장을 취재하였다. 「야마이치 증권, 자주 폐업」, 「무라카미 펀드, 첫 적대적 TOB」 등을 취재하였으며, 유럽총국, 경제금융부 편집위원, 논설위원, 아시아총국 편집위원을 거쳐 현재 상급논설위원으로 재직 중이다.

역자 소개

신용재 (辛容在)

성균관대학교에서 재무관리 전공으로 경영학박사 학위를 취득한 후, 현재 국립 한경대학교 교수로 재직 중이며, 입학관리본부장, 일반대학원 경영학과장 등의 보직을 맡고 있다. 다가오는 2023년도엔 (사)한국재무관리학회 회장직을 수행할 예정이다. 주요 경력으로 캐나다 Brock University에서 Visiting Scholar, 언론진흥기금의 위험관리성과평가위원, 한국기업경영학회 학술위원장 등을 역임하였다. 주요 저서 및 논문으로는 Perfect 재무관리(유원북스, 2019), 증권투자론(율곡출판사, 2022), 경영분석(유원북스, 2022), "Liquidity Hedging with Futures and Forward Contracts" (Studies in Economics and Finance, 2019) 등이 있다.

김세환 (金世煥)

1998년에 도일하여 일본대학 상학부에서 마케팅 전공으로 상학박사 학위를 취득한 후, 현재 Shukutoku University 경영학부 교수로 재직 중이다. 저서로는 식상품학(일본식량신문사, 2004), 현대 상업학(게이오대학 출판부, 2010), Covid-19 상황에서의 기업의 대응 전략과 소비자행동(2021) 등 다수가 있으며, 번역서로는 회사의 운명을 좌우하는 브랜드경영(원앤원북스, 2004), 도쿄 디즈니랜드가 끝까지 숨기고 싶었던 고객만족 시크릿(한국생산성본부, 2009) 등이 있다.

백상민 (白尙潤)

경희대학교에서 마케팅 석사학위를 받은 후 22년 동안 한국생산성본부(KPC)에서 고객만족 및 브랜드 관련 컨설팅을 하였으며, 현재는 KPC 소상공인성장센터장으로 재직 중이며, 소상공인을 위한 다양한 사업을 수행하고 있다. 경기도청, 신안군청 등 수 많은 지자체를 대상으로 브랜드 마케팅 강의와 자문위원으로 활약하였으며, 파리바게뜨 및 신한카드 등 다양한 민간기업의 브랜드경쟁력 제고를 위한 전략을 수립하였다. 역서로는 회사의 운명을 좌우하는 브랜드경영(원앤원북스, 2004), 지역브랜드 성공법칙 33 (한국생산성본부, 2013) 등이 있다.

ESG 한번에 이해하기

저 자 코다이라 류시로
역 자 신용재 · 김세환 · 백상민
발행인 이구만
발행처 유원북스 도서출판
04091 서울특별시 마포구 토정로 222,
한국출판콘텐츠센터 416호
대표전화 (02)593-1800 Fax (02)6455-1809
출판등록 2011. 9. 6. 제25100-2012-3호
www.uwonbooks.com uwbooks@daum.net

초판 인쇄 2022년 6월 20일
초판 발행 2022년 6월 30일

ISBN 978-11-6288-078-4 03320
정 가 | 16,000원

홍보 · 기획 | 홍의환
편 집 | 전충영
조 판 | 홍익m&b
표 지 | 이채현

• 이 책은 저작권법에 따라 보호받는 저작물이므로 무단 전재와 무단 복제를 금합니다.
• 인쇄 · 제작 및 유통상의 파본도서는 구입하신 서점에서 교환해 드립니다.